W0178573

Martin Müller

Lesereise London

Martin Müller

Lesereise London

Lizenz zur Weltstadt

Picus Verlag Wien

Gewidmet Katarina und Graeme

Gedruckt nach der Richtlinie des
Österreichischen Umweltzeichens
„Druckerzeugnisse",
Druckerei Theiss GmbH, Nr. 869

Grafische Gestaltung: Dorothea Löcker, Wien
Umschlagabbildung: © Stefan Kiefer / Imagebroker / Okapia
Druck und Verarbeitung:
Druckerei Theiss GmbH., St. Stefan im Lavanttal
ISBN 978-3-7117-1055-0

Informationen über das aktuelle Programm
des Picus Verlags und Veranstaltungen unter
www.picus.at

Inhalt

Vorwort

I am a Londoner. Besser gesagt: Ich habe eine Couch in London. Die Stadt und ich pflegen eine wunderbare Fernbeziehung. Seit fünfundzwanzig Jahren bin ich regelmäßig dort wohnhaft. Über Wochen und Monate kehre ich an derselben Adresse ein, Hotels kenne ich fast nur von außen. Ich habe Nachbarn, Stammkneipen, Wochenendrituale und eine Katze, die mich jedes Mal erneut wie einen alten Freund begrüßt. In einem *Gentlemen's Club* war ich auch schon. Beziehungsstress kennen London und ich nicht, wir genießen es, gemeinsam alt zu werden. Nur dass die Stadt dabei immer jünger zu werden scheint.

Vieles vor Ort kommt mir inzwischen spanisch vor. Oder pakistanisch, auch polnisch, französisch, libanesisch, karibisch, äthiopisch, zuletzt rumänisch … so geht es in einem fort. Die Liste der Neuankömmlinge aus aller Herren Länder ist im letzten Vierteljahrhundert ständig gewachsen, auch in »meinem« Viertel Cricklewood. Die Metropole erfährt regelmäßig ein *update*, wird noch mehr zur Weltstadt schlechthin. Was dazu führt, dass die englischen Ureinwohner inzwischen wie eine große Gruppe unter vielen wirken. Da die Stadt nun jährlich um hunderttausend neue Gesichter anwachsen soll, wird aus achteinhalb

Millionen Einwohnern bald eine zweistellige Millionenzahl werden.

Ein Moloch also? Urbaner Brei? Mitnichten. Wer sich die Stadt ganz klassisch vom Dachgeschoss eines Doppeldeckerbusses anschaut, entdeckt eine fast schon dörfliche Struktur. Organisch wechseln einander herrlich multikulturell wirkende Ladenzeilen mit Wohnvierteln und Parks ab. Die ganze Welt steigt in meinen Bus. Londons Friseure kennen jeden Haarschnitt, Barmänner jeden *cocktail*. Sonntags kann ich traditionell englischen Lammbraten mit Minzsauce essen, wochentags *bagel* zum Frühstück genießen und abends die beste vietnamesische Küche außerhalb Saigons. Und den ganzen Tag über höre ich im Radio die beste Pop- und Rockmusik des Planeten.

In fünfundzwanzig Jahren hat sich London enorm verändert – ohne sich dabei selbst untreu zu werden. Und die Stadt hat etwas gelernt, auch von mir. Ich habe ihr beigebracht, dass man auf ihrer Themse mitten durch die Stadt paddeln kann. Auch dass es keine Majestätsbeleidigung ist, ihre Straßen mit dem Fahrrad zu befahren. Ich habe London wechselnde Damen vorgestellt, und meine Lieblingsstadt hat darauf nicht eifersüchtig reagiert, im Gegenteil. Inzwischen teile ich London mit vielen Freunden, und die Stadt teilt mit mir bei jedem neuen Besuch ein weiteres spannendes Geheimnis. Ich werde Londons nie müde werden.

Promenade am Fluss

An der South Bank das Panorama aufsaugen

Der erste Blick auf die Metropole sollte sorgsam gewählt werden. Zumal es hier um eine echte Weltstadt geht, den Inbegriff von Welt in einer Stadt, das Sammelbecken globaler Eroberungen aus Jahrhunderten, den Magneten für all jene Nationalitäten, die das große Britannien mal besitzergreifend gestreift hat. Sogar den Nullmeridian hat man 1884 hier verortet. Wenn London also das Zentrum der Erde ist, muss die erste Kontaktaufnahme gut getimt sein.

Gemeint ist nicht der Moment, in dem wir einem der Flughäfen entrinnen. Oder die ersten akklimatisierenden Schritte, mit denen wir später unser Hotel umstreunen, womöglich auf der Flucht vor einem Sortiment von Teebeuteln. Es geht vielmehr um die Position, von der aus wir in den Blick nehmen, was vor unserem geistigen Auge ja längst gefügt ist, komponiert aus einer gefühlten Collage aus Vokabelunterrichtserinnerungen und dem Englisch der Queen, Gitarrenriffs und Songtiteln, Hut- und Rockmoden, Zitaten von Oscar Wilde (*»The man who can dominate a London dinner-table can dominate the world«*) und Samuel Johnson (*»When a man is tired of London, he is tired of life; for there is in London all that life* *can afford*«), der singsangenden U-Bahn-Ansage »*Mind the gap*« und dem sonoren Big Bang von Big Ben, der *Voice of London*.

Dieser Sehnsuchts-*Skyline* nähern wir uns auf Schienen, aus dem Untergrund, fast unterwürfig. An der *Underground*-Station Westminster lassen wir uns aus dem Zug schieben, reihen uns auf den schier endlosen Rolltreppen brav rechts ein, damit links vorbeigehuscht werden kann, schweben langsam aufwärts, rempeln gegen Mitfahrer, die sich jedes Mal für unsere eigene Unbeholfenheit bei uns entschuldigen – das tun nur die Londoner, die, die nichts sagen, sind Touristen –, erreichen endlich die Eingangsplattform, checken mehr oder weniger zügig mit unserem Ticket aus – nicht ohne Rempler – und verharren unschlüssig vor der Wahl der Ausgänge, natürlich als Prellbock. Niemand hat unser Herzklopfen auf der Rechnung, die U-Bahn-Station rumort wie ein unterirdischer Gebirgsbach, in dem wir einen Stau verursachen, nur weil wir uns sammeln wollen, bevor es die letzten Treppenstufen hinauf ans Tageslicht geht.

War der Ausgang gut gewählt, drängt sich nun der prächtige westminstersche Uhrturm, der Big Ben, unmittelbar ins Bild. Unverschämtes Glück haben wir, wenn auch noch sein Uhrwerk schlägt. Wiewohl es etwas schräg klingt, weil kurz nach der Installierung die mächtigste Glocke einen Sprung erlitt. Geistesgegenwärtig schlüpfen wir aus dem Menschenstrom, den Kopf immer steil im Nacken. Welch ein vollkommener, klassischer

Augenblick. Für einen Moment ist alles so, wie es sein soll. Diese architektonische Apotheose hat sogar menschliches Maß.

Wem die Stunde weniger günstig schlägt, der hat jenen Ausgang erwischt, von dem aus sich das Riesenrad London Eye in den Blick drängt, eine Art gigantischer, rotierender Rummelplatz-Nasenring, der auf der gegenüberliegenden Seite der Themse massenhaft Leute durch die Manege des London-Panoramas zieht. So besetzen zwei in jeder Hinsicht unterschiedliche Ikonen den besten Platz an der Themse, eine Standuhr und ein Laufrad. Die beiden haben einander nichts zu sagen.

Die Stelle ist zu sehr Nadelöhr, um das Panorama Westminsters zu bewundern. Es gibt schlichtweg keinen Raum, das famose Parlamentsgebäude mit Muße zu betrachten. Anstelle eines Platzes fließt breit die Themse. Die von drei Türmen überragte Fassade des Parlaments – einer davon ist der Big Ben – schaut nach Westen und schmiegt sich zweihundertsechsundsechzig Meter an den Fluss. Der Fluchtweg aus der zusammengedrängten, vielsprachigen, unentwegt sich selbst und alles um sie herum fotografierenden Menge führt vom *Underground*-Ausgang direkt auf die Westminster Bridge, weg vom Parlament. Beim Blick zurück keimt der Wunsch, mal solo in einem Bötchen vor der Schaufassade zu flanieren.

Der erste Stadtspaziergang folgt dem kurvigen Lauf der Themse, denn ohne den Strom gäbe es die Stadt nicht. Auch die unverzichtbaren Eck-

punkte sind am Fluss verankert, der Parlaments-
palast und das Ensemble aus Tower und Tower
Bridge. Noch vor zwei Jahrzehnten wäre niemand auf die Idee gekommen, diese vier Kilometer auf der Südseite des Themsebogens als einen
attraktiven Spaziergang anzusehen. Geschweige
denn als eine der großen Stadtpromenaden Europas. Das war bevor London sich anschickte, die
mit wuchtigen Betonbauten und wenig Verweil-
plätzen versehene South Bank aufzuhübschen.
Das innerstädtische Südufer steuerte nur an, wer
den Hochsicherheitstrakt von Royal Festival Hall,
Queen Elizabeth Hall, Hayward Gallery, National Film Theatre und Royal National Theatre zum
Ziel hatte. Der Knastkomplex der Schönen Künste
drängt sich in der Themsekurve bei den beiden
Brücken Hungerford und Waterloo, zwei von zehn
Brücken auf unserem Spaziergang.

Seit die South Bank jedoch wachgeküsst wurde, gibt's kein Halten mehr. Rasant wie in einem
Computerspiel wird am Panorama gewerkelt.
Mancher Einfall ist zart und simpel, wie die beiden Fußgängerstränge der Hungerford Bridge, hinüber zum großen Uferbahnhof Charing Cross.
Plötzlich können wir über dem Fluss flanieren,
verharren und dem regen Bootsverkehr zuschau-
en. Eigentlich eine Selbstverständlichkeit für eine
Metropole am Strom, aber darauf mussten Londoner Fußgänger zwei Millennia warten. Die Themse war eigentlich nur Verkehrsstrang, ein *working
river*, Hafen für rund um den Globus entwendete
Güter – kein Ort für müßige Betrachtung durch

Fußgänger. Charles Dickens, ein akribisch beobachtender Stadtstreuner, verglich die geschäftige Szenerie entlang der Themse vor hundertfünfzig Jahren noch mit einem Dschungel. Vor einem Vierteljahrhundert hätte er aber nur noch eine öde, gerodete Lichtung vorgefunden, Geschichten waren längst Mangelware.

Nun wird es mit jedem Schritt nach Osten besser. Zwei Brücken weiter hat sich die Blackfriars Bridge, ebenfalls eine Eisenbahnquerung, durch eine Investition von fünfhundertfünfzig Millionen Pfund zur überdachten Aussichtsplattform gemausert. Wer mit dem Zug von Gatwick Airport anreist und hier auf Anschluss wartet, steht plötzlich mitten über der Themse. Als Bahnhof ist es zwar kein übermäßig schicker Designwurf, wenn man ihn mit viktorianischen Palästen wie etwa der St. Pancras Station vergleicht. Dennoch scheint es so, als hätte sich London wieder in den eigenen Anblick verliebt.

Die Wiederentdeckung der Eitelkeit funktioniert und fasziniert. Plötzlich sind da überall Menschen, die die South Bank entlangschlendern. Die Südseite ist *in*. Straßenkünstler buhlen um Aufmerksamkeit. Paare sitzen eng umschlungen auf der endlosen Brüstung. Strandwanderer – ja, die städtische Themse entblößt bei Ebbe Strandstücke – suchen am Ufersaum nach Fundstückchen aus zweitausend Jahren; man hat sogar ein Wort für sie geprägt: *Mudlarker*, die im Schlick herumtollen (Buddeln mit Geräten ist verboten!). An der ehemaligen Gabriel's Wharf finden wir sogar eine Art Dorfplatz, den die Anwohner der Stadtverwaltung als funktionierende Nachbarschaft abrangen. Die Hausfassaden über Restaurants und Boutiquen sind als Trompe-l'œil aufgemalt und setzen die gemütlichste Szene der South Bank ins Trugbild.

Mit der nächsten Brücke nach Blackfriars gen Osten wird das Panorama endgültig famos, hier hat sich London eine stählerne Hängematte gegönnt. Eine postmoderne *folly*, jene typisch englische Bauwerk-Narretei – denn wie soll man eine nur dem vergnüglichen Themse-Übergang dienende Fußgängerbrücke sonst nennen? Sir Norman Foster, der heimische Stararchitekt, entwarf im Verein mit dem Bildhauer Anthony Caro und den Top-Ingenieuren von Arup eine schlanke, elegante Achse, die den direkten Übergang zwischen der Tate Gallery of Modern Art und der St. Paul's Cathedral erlaubt. Die weltgrößte moderne Kunstgalerie steckt im riesigen industriellen Ziegelbau-Gewand eines ehemaligen Kraftwerks, zur Jahrtausendwende behutsam umgestaltet von den Schweizer Architekten-Gurus Herzog & de Meuron. Der Blick über die Brücke gewährt die schönste Ansicht der Kathedrale. Die 1666 von Sir Christopher Wren gebaute St. Paul's ist eine kolossale barocke Kuppelkirche. Trotz der sehr unterschiedlichen Architekturstile kommunizieren diese beiden Ikonen miteinander, dank der ersten lupenreinen Fußgängerbrücke, die seit den Römern in London gebaut wurde.

Der Weg über die grazile Hängebrücke ist

schwingungsfrei. Bei der Eröffnung im Juni 2000 war das noch anders – sie schwankte seitlich, als würden römische Truppen rhythmisch marschieren, ein Fehltritt der Konstrukteure, was der Millennium Bridge den Spitznamen *wobbly* – Wackelbrücke – einbrachte. Und eine zweijährige Sperrung zur Nachbesserung mit Schwingungstilgern. Heute ist dem Spaziergang nichts mehr abträglich. Der südliche Abgang von der Brücke zwingt uns zu einer Kehrtwende, die den Blick zurück auf die eine halbe Meile entfernte Kuppel von St. Paul's erlaubt, eingerahmt von den flachen Spannvorrichtungen der Brücke.

Der weitere Weg nach Osten passiert bald das neue shakespearische Globe Theatre, eine ziemlich genaue Rekonstruktion des ursprünglichen Theaters von 1599. Den elisabethanischen Touch verdankt die South Bank dem amerikanischen Schauspieler und Regisseur Sam Wanamaker, der kurz vor dem Millennium sich und London diesen Traum erfüllte. Der Besuch eines Stücks ist selbst für jene, deren Verständnis der englischen Sprache nicht ausreicht, ein szenischer Genuss; wer beschlagen genug ist, wird sein Vokabular sicher bereichern können, denn Shakespeare hat die englische Sprache mit vielen Wortschöpfungen erweitert.

Während der zweiten Hälfte des Panorama-Spaziergangs entlang der Themse verlieren wir den Fluss immer mal wieder aus den Augen, navigieren durch Seitenstraßen und unter Brücken hindurch. Nur hier und da gerät das gegenüberliegende Ufer in den Blick. Von drüben grüßt die City of London, derzeit die berühmteste und finanzmächtigste Quadratmeile der Erde. Als wolle sie ihrer Ambition eine sichtbare Krone aufsetzen, treibt seit Jahren immer mal wieder ein neuer architektonischer Spross aus dem Areal des Finanzdschungels, jeder mit einem Spitznamen belegt: mal abgerundet wie der »Gherkin«, gewölbt überhängend wie der »Walkie Talkie« oder der nüchterne »Cheesegrater« mit seinen Dreißig-Stundenkilometer-Aufzügen, der eigentlich eher an jene korrekten Krawatten erinnert, wie sie von den Schwärmen von *office workers* der Square Mile getragen werden. Es werden bald neue Wolkenkratzer hinzukommen, London bastelt wie im Fieber an seiner Skyline.

Am höchsten hinaus geht es aber auf unserer Seite, über der Bahnstation an der London Bridge. Der Wolkenkratzer Shard ist mit dreihundertzehn Metern das höchste britische Gebäude. Angeblich hat Architekt Renzo Piano die in den Boden gerammte Scherbe als simplen geometrischen Kritzel auf eine Serviette gezeichnet, als ihn der Investor zum Essen einlud. Ein kurzer Schlenker von der Themse bringt uns an den Fuß der »Scherbe«, die auf erstaunlich wenig Raum fußt. Durch den sich verjüngenden Turmverlauf wirkt der gläserne Monolith, als verlöre er sich im Unendlichen. Wolken spiegeln sich bis weit hinunter in der Fassade und es scheint, als verbänden sich Himmel und Erde.

Das logische Ende unseres Spaziergangs entlang der South Bank kann nur die Tower Bridge sein. Bei der Annäherung an die berühmte Hängebrücke mit der hochklappbaren Fahrbahn erinnern wir uns an den *look* von Westminster. Die mit Sandstein verkleidete Brücke lehnt sich an die neogotischen Stilelemente von Parlamentsgebäude und Big Ben, harmoniert aber auch mit dem Tower of London am Nordufer. Jedoch auch hier hat das neue Jahrtausend bereits ein Ausrufezeichen gegen jede weitere bauliche Anbiederung gesetzt. Die nur fünfundvierzig Meter hohe neue City Hall, derzeit der Regierungssitz des Oberbürgermeisters von Groß-London, lässt an eine gläserne Blase denken, die Architekt Norman Foster mitten aus einer kompromisslos modernen Plaza mit Bürohochhäusern platzen lässt. Die preisgekrönte City Hall wirkt nahbar und transparent, erinnert auch an Fosters Reichstagskuppel in Berlin. Kongenial mutet das aus der More London geheißenen Plaza gelöffelte Amphitheater Scoop an, fast wie ein Negativ der City Hall. So viel spielerische Öffnung für flanierende oder bloß herumsitzende Müßiggänger ist ziemlich einzigartig in jener baulichen Hektik, welche die Innenstadt seit der neuen Zeitrechung im Jahr 2000 befallen hat. More London ist der Weltstadt tollstes Parkett.

Ein Mann in einem Boot

Im Kajak von Westminster zum Tower

Sieben sonore Glockenschläge wehen über die noch nachtdunklen Wogen der Themse heran. Die Sonne ploppt wie ein roter Ballon hinter der Scherenschnitt-Kulisse der Tower Bridge aus dem Fluss. Der ist bereits hellwach und spült gerade eine salzige Vier-Meter-Flutwelle vom gut fünfzig Kilometer entfernten Meer herauf. »Jetzt«, drängt Danny, mein *river guide*. Dies ist der ideale Zeitpunkt, um nahe der Tower Bridge auf die Welle zu springen und flussauf in Richtung Westminster mitzutreiben. Am Fuß einer in Jahrhunderten ausgetretenen Steintreppe schieben wir unsere Kajaks in den Strom. Es ist auch deshalb ein gutes Gefühl, weil sicherlich schon zahllose Boote in allen Formen vom Nordufer der Themse aus hineingeglitten sind. Wir schwimmen also im Fluss der Zeit, in der Geschichte des Stroms.

Darf man eigentlich mitten in London auf der Themse paddeln? Danny Gillard, Flussführer aus Neuseeland, grinst: »Das macht sonst kaum jemand. Aber niemand kann uns aufhalten. Der Fluss ist frei!« Das steht tatsächlich schon in der Magna Carta, die man auch als gültige Menschenrechtserklärung der Briten lesen kann. Die »Große

Urkunde der Freiheiten« wurde am 15. Juni 1215 an der Themse verfasst und in Kraft gesetzt. Im 19. Jahrhundert erklärte zudem ein Parlamentskomitee die Themse zum alten und freien Highway. Nicht mal die Königin kann exklusive Rechte geltend machen.

Nichtsdestotrotz überwiegt das prickelnde Gefühl, etwas Verbotenes zu tun. Man muss vielleicht vom anderen Ende der Welt kommen, um gegen den allgemeinen Strom zu schwimmen. Denn anscheinend traut sich nur der *Kiwi* Danny, das knapp fünf Kilometer lange Filetstück der Themse zu erpaddeln und das als alternatives Sightseeing anzubieten. »In anderthalb Stunden dreht die *tide*, dann müssen wir umkehren und mit der einsetzenden Ebbe zurückkehren.« Unser Motto heißt demnach: *Go with the flow!*

Die Themse schiebt uns unter der London Bridge durch. Die ist nicht wirklich schön, Baujahr 1972 eben. Die Römer bauten um 50 vor Christus hier die erste Brücke aus Holz und gründeten Londinium, wohl weil damals die Gezeiten etwa hier verebbten. Das vorletzte Modell war aus Granit und wurde 1968 von einem reichen Amerikaner nach Arizona verfrachtet. Das aktuelle Betonstück wurde 1984 von einem Kriegsschiff gerammt. Das Tempo der Themse kann mitschuldig an Unfällen sein. »Nicht zu nahe an Brückenpfeiler geraten«, ruft Danny zu mir herüber. Aufkommender Wind lässt unsere Einerkajaks auf den Wellen tanzen. Die Luft riecht berauschend salzig. Die Themse schmeckt ozeanisch, nach weiter Welt, wie es sich für den Flusshafen der bedeutendsten Weltstadt geziemt.

Es gibt wohl keinen anderen Fluss, der mit derart zahlreichen poetischen Wassern gewaschen ist. London wurde hier vor gut zweitausend Jahren als Zivilisation verankert, da verdichten sich naturgemäß Geschichten, Sehnsüchte, Geschäfte, Leben und Sterben. Sir Walter Raleigh starrte, als er in Ungnade gefallen war, dreizehn Jahre aus einem Fenster des Tower of London auf die Themse und schrieb derweil seine »History of the World«. Charles Dickens machte die Themse als triebhafte Ader bekannt, beladen mit den zahllosen Schicksalen einer aus den Nähten platzenden Metropole. Er schrieb seine drastischdüsteren Reportagen über Sozialfälle und Todsünden entlang der übel ausdünstenden Wellen. Joseph Conrad, Seefahrer und Schriftsteller, verdichtete das Themse-Motiv noch weiter zu skeptischen Reflexionen über den Menschen. Der Maler William Turner tünchte das wabernde Fluidum der Themse ganz unvergleichlich auf Leinwand und Papier.

Als Jerome K. Jerome 1889 dem Fluss eine der komischsten Reisebeschreibungen der Literaturgeschichte abgewann, war die Themse endlich als Vergnügungsziel angesagt. »Three Men in a Boat« schildert die Bootspartie dreier *Gentlemen* (vom Hunde ganz zu schweigen), die sich flussauf machen und in jede erdenkliche Kalamität geraten – auch in Deutschland verfilmt mit Heinz Erhardt, Walter Giller und Hans-Joachim

Kulenkampff, allerdings auf den Bodensee transponiert. Das harte Licht auf den Fluss der Arbeit und des Profits wurde also weicher.

Man kleidete sich entsprechend. *Gentlemen* schifften sich in weißen Hosen und Hemden ein, dazu passte nur ein Strohhut. *Ladies* machten sich mit Kleidern aus navyblauem Serge-Stoff flussfein, dazu trugen sie Wildlederhandschuhe und extravagante Hüte. Zu dieser *Outdoor*-Kleidung trug man keinen teuren Schmuck, das schickte sich wohl nicht in der nun romantisierten Flussnatur. *Upriver* zu fahren war der neue spätviktorianische Trend, Dampfboote pflügten durch die Themse. Vermutlich war die Sprache an Bord gepflegt, ungehemmtes seemännisches Fluchen war nämlich schon 1701 durch ein Statut der Corporation of Watermen untersagt und mit einer empfindlichen Strafe von zwei Schilling belegt worden – umgerechnet auf heute etwa zwölf Pfund! So sollten damals die Fischweiber und Träger des Billingsgate Markts erzogen werden. Jedoch scherte sich im neuen Zeitalter des Themse-Vergnügens anscheinend niemand groß um solche Etikette. Es wurde auf alles geschossen, was Federn hatte, gefischt zu jeder Saison, geflucht nach Herzenslust. So beschreibt der Naturalist und Essayist Richard Jefferies 1885 anklagend die Szenerie auf der Themse.

Danny und mir reicht schon die gefühlte Unartigkeit, uns an diesem schönen Morgen auf dem geschäftigen und von ankernden Barges gespickten Fluss zu verlustieren. Unser beschwingter Slalom führt unter zehn Brücken hindurch. Geniete-te, geschmiedete und gegossene Schmuckstücke aus Eisen, die aus der Paddlerperspektive ihre wahre Schönheit enthüllen. Vor allem, wenn die noch tief stehende Sonne perfekt die Unterseite der Bögen bescheint.

Brücke Nummer fünf ist etwas Besonderes. Die 2002 in Betrieb genommene Millenium Bridge zwischen der Tate Modern Gallery und der St. Paul's Cathedral bietet die eleganteste Art, den Fluss zu Fuß zu überqueren. Als Nummer sechs folgt die Blackfriar's Railway Bridge, neben der die roten Pfeiler einer ursprünglichen Konstruktion wie ein Kunstwerk überlebten. Erstaunte Blicke treffen uns von Treppenstufen aus alten, schmalen Gassen, wo sich Anzug- und Kostümträger eine schnelle Zigarette auf dem Weg zur Arbeit genehmigen. Man winkt uns zu, so mancher Daumen geht hoch. So ist schon lange nicht mehr jemand *upriver* unterwegs gewesen.

Wir treiben in paradoxer Bewegung flussauf mit der Flut, erreichen deren Höhepunkt kurz vor der Westminster Bridge. Dann wird der Fluss für eine Viertelstunde glatt und ruhig. Schnell unterqueren wir die Brücke, um ein paar ungewöhnliche Fotos vom Parlament zu machen, schließlich kommt niemand sonst so nahe an seine beeindruckende Fassade heran. Dann schaltet der Fluss um auf Gegenschub. Unser *timing* scheint perfekt. Da naht plötzlich ein Polizeiboot in schneller Fahrt. Ein Gefühl, als wären wir beim Kronjuwelenraub erwischt worden. Aber es kommt anders. Statt

Handschellen gibt's einen freundlichen Händedruck. »*Good morning!* Wir hatten schon etliche Telefonanrufe, weil ihr vor dem Parlament herumgekreuzt seid.« Freundlich werden wir über eine imaginäre Grenzlinie in der Flussmitte aufgeklärt. Wow, die Wasser-*Bobbys* sind sehr nett! Und *very british: »Would you like a cup of tea?«*

Nach einem Plausch von Boot zu Boot gleiten wir mit der stärker werdenden Strömung wieder flussab zur Tower Bridge. Mit dem flott fallenden Wasserspiegel entblößt das Ufer ein paar Strandstücke. Trotz Ankerketten und Brückenpfeilern habe ich plötzlich das Gefühl, der Metropole ein charmantes Stück Natur abgerungen zu haben. Ich werde mutig und trage Danny meinen Wunsch vor, mal die hunderteinundneunzig schiffbaren Meilen des zweihunderteinundfünfzig Meilen langen Flusses zu paddeln. Er wiegt den Kopf und warnt mich vor der größten Gefahr auf dem Fluss. »*Mind the swans!*« Mit den sehr revierbewussten Höckerschwänen *upriver* auf Augenhöhe zu geraten, sei nämlich alles andere als empfehlenswert. Gegen die hätte ich keine Chance. Und sei es nur, weil sie das Einzige sind, das auf dem Fluss der Queen gehört.

Ritter der Pedale

Fahrradfahren kommt an der Themse plötzlich sehr in Mode

Was haben die zerzausten blonden Haare von Boris Johnson mit Londons überraschendem Fahrradboom zu tun? Wenigstens mal so viel, dass der Bürgermeister bei öffentlichen Auftritten immer so aussieht, als sei er mit dem Rad gekommen und hätte sich soeben den Helm abgestreift. Das könnte sogar stimmen, denn Boris radelt gern zur Arbeit. Aber es macht auch Charme und Erfolgsgeheimnis des konservativen *Lord Mayor* aus, nämlich immer so auszusehen, als sei ihm grad egal, wie die Haare liegen. Ob nun authentisch oder werbetauglich ungezwungen – mit seinem markanten Strubbelkopf schickte sich Alexander Boris de Pfeffel Johnson jedenfalls an, durch die Wand zu gehen, als er 2008 Groß-Londons *Lord Mayor* wurde: Das autoaffine London sollte Platz einräumen für Radler, sogar Hauptstadt der Fahrradfahrer werden, im gleichen Atemzug mit Kopenhagen oder Amsterdam genannt werden. Nur stellte die Hauptstadtpresse nicht zum ersten Mal die Frage nach der Ernsthaftigkeit von Boris' spektakulären Ideen. Würde er wirklich seinen Kopf für Radler in einer Stadt des Autoverkehrs hinhalten?

»Als ich 1991 meine Radvermietung für Touristen aufgemacht habe, behandelte die Stadtverwaltung Fahrradfahrer wie Aussätzige«, erinnert sich Robert Graham. Robert sieht ein klein wenig aus wie Boris, nur dass seine Haare einen rötlichen Touch haben. Er veranstaltet geführte Radtouren durch London. Inzwischen hat sich etwas getan, das erkennt auch der passionierte Radler Robert an. Die Behörde für Londons Straßenverkehr, Transport for London (TFL), hat einen Etat für das Londoner Radwegenetz, den sie allerdings nur ungenügend ausschöpft. Es gibt sogar einige Stücke blau asphaltierte Super Cycle Highways, die einen Teil der Straße für Radler reservieren sollen. Und es gibt fantastische Träume von einer Radhochbahn oder einem Expressweg über der Themse.

Welches ist nun das geeignetste Zweirad, um London unsicher zu machen? Robert schlägt das Klapprad vor. Ein *folding bike* darf inzwischen jederzeit unentgeltlich im Schienenverkehr mitgenommen werden. Weshalb ich mich mit einem Klapprad versorgt habe und es nun jeden Tag in die Stadt mitführe. Viele Jahre lang hatte mich die endemische Zweiradfeindlichkeit der Londoner zum Fußgänger gemacht. Weiter auseinanderliegende Ziele verknüpfte ich mit der U-Bahn. Mein London teilte sich in *Underground*-Destinationen auf.

Auf den Geschmack des Radfahrens sind die Londoner wie im Rausch geraten. Während der Olympischen Spiele 2012 rückten plötzlich flitzende Radsportler in den Fokus. Es hagelte Medaillen in einer britischen Randsportart. Der Olymp des *british cycling* lag plötzlich in der Radsporthalle des Olympischen Parks im bis dato unterentwickelten fernen Osten Londons. Weshalb ich die Startrampe für einen Zweiradausflug genau dorthin lege. Etwas olympischer Rückenwind kann ja nicht schaden. Überdies folgt mein Halbtagesausflug vom Olympischen bis zum Regent's Park radtauglichen Treidelwegen entlang alter industrieller Wasserwege. Der Stadt gehe ich etwas aus dem Weg.

Meine Reise folgt dem Lea River und einigen Kanälen nach Westen. Der Lauf der Dinge ist entspannt: Das Streckenprofil bleibt flach, der Lebensstil auf den langen Hausbooten wirkt pittoresk und loungig, die alten Schleusen funktionieren im *Do-it-yourself*-Modus, tonnenförmige Brückchen sind mit Biergärten besetzt. Angler gehen auf Hecht. Nichts ist geschönt, hier ruht London behaglich in einer abgerockten postindustriellen Aura. Das Leben ist ein ruhiger Kanal, eine Stufe unter dem Straßennetz, punktiert von Parks namens Victoria im Osten und Regent's im Westen. Bei letzterem vernehme ich später sogar den Ruf der Wildnis. Auch wenn es nur der Zoo ist, den der Kanalpfad hier berührt.

In der Nähe des Bahnhofs von King's Cross geht dem Kanal plötzlich der Platz aus. Er verschwindet für einen knappen Kilometer in einem Tunnel, weshalb ich mich doch an die geschäftige Oberfläche wagen muss. Zögerlich reihe ich mich in den Verkehr ein, werde sofort von ihm aufgesogen und zum Chaos um den Bahnhof mitgespült. Das Umfeld von King's Cross war lange Zeit ein sehr geschäftiger und mit den Jahren höchst unattraktiv gewordener Verkehrs- und Industrieknoten, den zu entwirren eine unlösbare Aufgabe schien. Wider Erwarten scheint aber nun das Aufknüpfen und Neugestalten zu glücken und die Gegend erfährt eine wundersame Aufwertung. Nach über einem Jahrzehnt Arbeit mit dem architektonischen Skalpell entsteht sichtbar eine neue Ordnung. Dabei geht es gar nicht hoch hinaus: Der Architekt David Partridge gestaltet sachlich und vor allen Dingen flach am größten *groundscraper* Londons, ja Europas. Was sich hier herauskristallisiert, ist kein spekulatives Himmelfahrtskommando für Büros, wie in der City oder an der Canary Wharf. Mieter aus dem kreativen Sektor werden angelockt. Die Kunst- und Design-Universität ist als Vorreiter in ein altes Getreidesilo eingezogen und setzt erfrischende Zeichen in einer entwirrten, aber nicht zerschlagenen Industriezone, in der sogar zehn neue Straßen entstehen. Und der scheue Kanal liegt plötzlich prominent zu Füßen der Universität.

Auch die Themseufer sind verkehrsruhige Radreviere. Entlang der South Bank entfliehe ich östlich der Tower Bridge den Besucherströmen. Bis nach Greenwich durchstreife ich umgenutzte *docks*, mit Blick auf die Wolkenkratzer der Docklands am gegenüberliegenden Ufer der kurvigen Themse. Die Strecke dort drüben, zwischen Canary Wharf und dem Tower of London ist ein gleichfalls aussichtsreicher Rückweg zur Stadt. Auf halbem Weg, einander gegenüber, laden zwei der atmosphärischsten Pubs Londons mit Themsebalkonen ein, das Rad mal abzustellen: Am Nordufer der Prospect of Whitby mit einem Galgen über dem Wasser als Relikt geharnischter Bestrafungen, am Südufer der Mayflower Pub, von dessen Vorläufer 1620 der Dreimaster Mayflower mit hundertzwei Calvinisten in Richtung der neuen amerikanischen Kolonie Virginia aufbrach.

Der Sinneswandel pro Radler auf Londons Straßen hat dafür gesorgt, dass meine Radgurus Boris und Robert so etwas wie Gegenspieler wurden. Seit der Bürgermeister 2010 einen städtischen Verleihservice aus der Taufe hob, musste Robert seinen eigenen Leihradservice an der South Bank in ein Geschäft für geführte Radtouren umwandeln. Die neuen Cityräder, für die ersten Jahre nach dem Sponsor Barclays benannt, zählen inzwischen eine fünfstellige Flotte mit *Docking*-Stationen weit übers Stadtzentrum hinaus. Der Volksmund nennt die Räder beharrlich *Boris Bikes*, nach dem strubbeligen *Lord Mayor*. Wobei Boris Johnson bloß die Idee seines linken Vorgängers Ken Livingstone aufnahm, der die frühe Saat mit den Zweirädern in London gesät hatte.

Im besuchergefluteten Stadtzentrum um Buckingham Palace, Soho und Westminster sitzen viele Touristen auf den Leihrädern und kurven erschreckend unerschrocken durch den dichten Verkehr. Sehr zum Leidwesen der Chauffeure von Bussen, Taxen und Lkws. Für Londons Berufskraftfahrer sind Radler ebenfalls ein Ärgernis. Die Fahrer der roten Doppeldeckerbusse bekommen inzwischen Verhaltensregeln eingebläut, wie sie mit den überall durchschlüpfenden neuen Verkehrsteilnehmern umgehen sollen. Nach tödlichen Unfällen mit Lkws wurden etliche der typischen Kurvengitter entfernt, die Fußgänger auf dem Gehweg halten sollen, aber für Radler zur fatalen Knautschzone wurden.

Meine städtischen Klappradausflüge sind ambitioniert und sicher noch nicht à la mode. Vornehmlich ist *city cycling* noch *a man's world*. In der *rush hour* reihe ich mich an Ampeln neben zu allem entschlossenen Rennrad-Rittern ein, die bereit sind, sich ihren Platz im Verkehr zu erkämpfen. Mit Helm und manchmal Maske, wegen der Dieselabgase. Eine neue Idee kann sich in London wohl nur auf dem Weg der Konfrontation durchsetzen, das Miteinander wird typisch angelsächsisch erfochten. Vorfahrt ist eine Sache von Ellenbogen und *speed*.

Aber auch der Mode. Für den neuen Trend spricht, dass vor allem radelnde Männer neue *outfits* für sich entdeckt haben. Plötzlich gibt es einen *cycle chic*. Das Rad ist das neue Vehikel für Männer, sich als *fashion animals* zu outen. Alles, von der Kleidung über Helm bis zur Wasserflasche muss zur Farbe des Rads passen. Und es muss britisch sein, klassisch, keinesfalls zu verrückt und bunt. Und schon etabliert sich ein neuer Typus Mann, der *mamil. Middle aged man in Lycra* beschreibt den männlichen Radler ziemlich gut. Der schon bekannte metrosexuelle Mann und der neuere modebewusste Radler werden gekreuzt. Mit allen komischen Aspekten, die dazugehören. Als Olympia- und Tour-de-France-Sieger Sir Bradley Wiggins der König der Radler wurde, ließen sich manche Kerle sogar sein Wahrzeichen – Koteletten, *sideburns* – stehen. Der britische Fahrrad-Autor Rob Penn bekennt, dass er sich neuerdings drei oder vier matchende *outfits* zur Auswahl rauslegt, bevor er in die Pedale tritt. Sehr zum Vergnügen seiner Frau.

Brooks-Sättel waren bislang das einzige überzeugende britische Mode-Accessoire in der Radlerwelt. Typisch britisch sind die Ledersättel, klassisch, tolles Material, niet- und nahtfest. Das hat sich geändert. Vor zehn Jahren war es für einen Radmodepionier auf der Insel noch kaum möglich, Investoren für solch ein Geschäft zu interessieren. Radfahren als Massenphänomen war französisch oder italienisch, mit der dazugehörigen Kleidung. Die Tour de France war eine französische *folly*, eine Narretei à la française. Simon Mottram von der englischen Radbekleidungs-Edelmarke Rapha war einer der ersten radverrückten Modefreaks und fühlt heute sein frühes Engagement bestätigt. London sei aktuell das globale Zentrum einer neuen städtischen Fahrradkultur. Zahllose kleine Geschäftsideen schössen aus dem Asphalt. Verrückt, wie er meint, da London doch eine der schlimmsten Städte für Radler weltweit sei.

In wenigen Jahren ist die Zweiradkultur auf der hügeligen Insel ins Rollen gekommen. Und erobert nun sogar London. Auch seine beiden geadelten Stararchitekten machen mit. Richard Rogers hat Radtouren entlang architektonischer Highlights konzipiert, Norman Foster schlägt gar ein Hochtrassen-Netz nur für Radler vor. Und was macht derweil Boris Johnsons Radlerkarriere? Der 2016 scheidene Oberbürgermeister wird inzwischen als kommender Premierminister Großbritanniens gehandelt. Es ist nicht mal auszuschließen, dass Boris eines Tages in die Fußstapfen von Churchill, Thatcher und Cameron treten wird. Dann wird die findige Londoner Presse vielleicht texten, dass Boris seinen Konkurrenten im Fahrradsattel davongefahren sei. Als Ritter der Pedale ins höchste Staatsamt gestrampelt zu sein, wäre ein Novum in der Geschichte Großbritanniens.

Wem gehört die Welt?

Ein Streifzug durch das Britische Museum

Wollte man die historischen Kulturgüter der Welt exemplarisch versammeln, wo wäre diese unglaubliche Kollektion zu verorten? Wem wäre es zuzutrauen, sich global so ergiebig bedient zu haben, dass siebeneinhalb Millionen Objekte zusammenkämen, anhand derer sich die Entwicklung der Menschheit unter einem Dach erfahren ließe? Und wäre letztendlich eine derartige Anhäufung als imperialistischer Diebstahl anzusehen oder etwa wie ein gemeinschaftliches Erbe, ein Art von *common wealth*? Letzteres wird immer wieder leidenschaftlich diskutiert von den um ihr Kulturgut erleichterten Völkern einerseits und dem British Museum in London-Holborn andererseits. Denn dort findet man diesen Setzkasten menschlicher Kulturgeschichte. Weil der Eintritt frei ist, müssen nicht etwa die Griechen einen Obolus dafür entrichten, den Figurenkanon ihres Parthenontempels zu besichtigen. Wohlgemerkt, wir reden hier von den Originalen.

Am Anfang war ein krudes Werkzeug. Ganz oben links, im Giebel über dem mächtigen ionischen Säulenwald des Museumstempels von 1759, ist genau dieser Beginn menschlichen Bemühens dargestellt. Was den Willen der Bauherren postuliert, menschliches Wirken von Beginn an zu zeigen. Natürlich könnte das auch als Beweis für die Anmaßung herhalten, mit der sich die viktorianischen Weltherrscher ganz selbstverständlich als Speerspitze der Evolution sahen. Ihre einstmalige globale *pole position* erlaubte ihnen ja den ganz großen Überblick.

Das Glück umfassender Bildung, satter Finanzmittel und eines umtriebigen Geistes ließ Sir Hans Sloane im 18. Jahrhundert eine prächtige Sammlung von Kulturgütern zusammentragen, die eine der Führerinnen im Museum mit *understatement* »nick-nack« nennt. Als Sloane sein Ende nahe wusste, stiftete er diesen ganzen Schnickschnack den Briten – und damit irgendwie auch der Welt. Zentral ins Gebäude integriert war auch eine famose Studienbibliothek, worin jedes gedruckte Buch einmal vertreten sein sollte. Dickens recherchierte im runden Lesesaal für »A Tale of Two Cities«, Karl Marx schrieb hier am »Kapital«. »Wer den Marxismus nicht mag, der muss der British Library die Schuld geben« – so trocken ironisierte Michail Gorbatschow die Kritik am antikapitalistischen Autor. Nun, der Bücherberg wuchs zu einem Gebirge an, einem Himalaya aus Weltwissen, und die Bücherwelt stapelte sich irgendwann im Innenhof des Museums. Die meisten Bücher kamen schließlich in eine neue Staatsbibliothek, der Innenhof wurde 2000 von Sir Norman Foster mit einem prächtigen Glasdach verschlossen. Im weltweit größten überdachten öffentlichen Hof geht einem nach der Konzentration in den Galerien wie von selbst ein Licht auf.

Hinein in die Weltgeschichte. Weil die Auswahl der Exponate so enorm vielfältig ist, zahlt sich Einschränkung aus. Jeder Kulturkreis verlangt einen eigenen Besuch, vielleicht sollte man sich sogar nur wenige Objekte vornehmen, an denen man sich dann wie ein Detektiv den Zuständen der betreffenden Zeit nähert. Der erste und populärste Tatort wartet unweit des Eingangs: ein Dreivierteltonner aus grauem Granit, der Stein von Rosetta, anmutend wie eine alttestamentarische Gebotetafel. Eingeritzt sind Tausende kleiner Schriftzeichen, in Blöcken von drei Sprachen. Es bedarf heute keiner großen detektivischen Leistung mehr, um die Botschaft zu verstehen; ein Schriftgelehrter alter Sprachen sollte sie sofort lesen können. Die unterste Schrift ist ein Griechisch, wie es jeder Altphilologe beherrscht. Der mittlere Text ist auf Demotisch, eine ägyptische Schriftform, die etwa tausendeinhundert Jahre lang um die Zeitenwende herum beherrscht wurde. Die obersten Zeilen sind Hieroglyphen, Vorläufer des Demotischen, eine bildhafte Zeichensprache des alten Ägypten, etwa fünftausend Jahre alt.

Als der französische Armeeingenieur Pierre-François Bouchard im Gefolge des kriegführenden Napoleon diesen Stein 1799 entdeckte, stand er vor einem Schrifträtsel mit zwei Lösungshinweisen. Bis dahin waren die Schriftzeichen des pharaonischen Ägypten ein Buch mit sieben Siegeln. Hier aber boten sich gleich zwei Übersetzungen. Ein Sensationsfund, aufgestöbert von einem Besatzer, verfasst von den ptolemäischen Besatzern Ägyptens. Der Inhalt des gewichtigen Schriftstücks war schnell entziffert; es handelte sich um trockene Auflistungen von Steuererleichterungen und anderen Zugeständnissen, die ein Herrscher an die Priesterkaste machte. Der Herrscher war der Teenager Ptolomäus V., der den Priestern Privilegien gab, damit sie ihm durch Inthronisierung gottähnlichen Status verliehen. Der Vertrag wurde 196 vor Christus geschlossen, vervielfältigt und in Tempeln landesweit ausgestellt. Jedermann konnte ihn lesen.

Bald nach Bouchards Fund musste Napoleon klein beigeben und 1801 Frieden mit den Engländern machen. Der Stein ging an die neuen Besatzer über, die ihn nach London schafften und alle Forscher einluden, das eigentliche Rätsel zu lösen: die Entzifferung der Hieroglyphen anhand der beiden bekannten Schriften. Der Franzose Jean-François Champollion knackte schließlich 1822 das Rätsel. Von da an konnte man in allen schriftlichen Funden aus dem pharaonischen Ägypten lesen wie in einem Buch.

Um sich als Musemsbesucher in Zeitläufen und Regionen nicht zu sehr zu verheddern, sollte der zweite Tatort an den ersten historisch und geografisch anschließen. Es wäre unspannend, jetzt etwa die exemplarisch ausgestellte Kreditkarte von 2009 aufzusuchen. Organischer wirkt der Sprung in das Jahr 1835, in dem die Mumie von Hornedjitef hierher geschafft wurde. Denn schließlich konnte man inzwischen die Schriftzeichen auf ihrem Sarkophag von etwa 240 vor Christus lesen. Deshalb ist der Name der Leiche bekannt und auch sein lebendiges Wirken als Priester des Amun-Tempels in Karnak.

Die Galerie mit den ägyptischen Mumien fasziniert. Säle voller Vitrinen mit geheimnisvollen Toten, denen sogar oft ein Porträt als Gemälde beigefügt ist. Was vermöchte ein Psychologe wohl manchen der fein dargestellten Gesichtszüge entnehmen? Fakten liefert der Computertomograf, mit dessen Hilfe die sauber bandagierten Körper durchleuchtet wurden. So kann man den alten Ägyptern auf den Zahn fühlen oder ihre Knochensubstanz beurteilen: Tatortermittlung wie bei der Fernsehserie »CSI«. Vom Priester Hornedtjitef weiß man, dass er sich mit Arthritis plagte. Statt ihre Flüche zu verbreiten, faszinieren heute die Gebrechen der Pharaonen. Kurios sind die mumifizierten Grabbeigaben wie Falken, Baby-Alligatoren oder Katzen. Schließlich enthüllt sich die Welt der Mumie noch weiter, wenn sich durch Bestimmung der Herkunft verwendeter Materialien eine Landkarte anlegen lässt, auf der plötzlich Querverbindungen auftauchen: Hornedjitefs Überbleibsel verraten uns die Handelsrouten des Altertums.

Dass die vorerst letzte Adresse von Herrn Hornedjitef London-Holborn lautet, verärgert allerdings manche seiner Nachfahren. Sie würden die Mumie gern nach Ägypten heimführen. Das

Museum lebt mit dem Streit über letzte Ruhestätten von diversen Objekten relativ ungerührt, wie es sich für streiterprobte Ex-Imperialisten gehört. Beschwichtigend führt man die Behütung des gemeinsamen Erbes der Menschheit an, ein gewitzter diplomatischer Schachzug.

Apropos Schachzug! Was wäre diese überquellende Heimstatt von Heiligtümern und profanen Dingen ohne ein Spiel, und zwar die Königsdisziplin aller Brettspiele: Schach. Das Wort stammt aus dem Persischen und bedeutet König. Schach ist nicht uralt, wurde wohl erst vor tausendfünfhundert Jahren in Indien erfunden und gern am Hof gespielt. Die Figuren im Britischen Museum stammen jedoch nicht aus Indien, sie wurden auf der schottischen Insel Lewis entdeckt. Das größte Eiland der Äußeren Hebriden ist zu keiner Zeit als Ort höfischer Spiele bekannt gewesen. Weder vor achthundert Jahren, als die *Lewis Chessmen* aus Elfenbein gefertigt, noch 1831, als sie in einem Felsenkämmerchen am Strand wiederentdeckt wurden.

Die siebenundsechzig ausdrucksstarken Figuren öffnen ein Fenster in die Welt von 1200. Ein bärtiger König mit Schwertern im Schoß und daneben die Königin mit sinnierend in die Hand gestütztem Kinn erzählen von Macht durch Kampf und Strategie, signalisieren vielleicht auch weibliche Ränke. Es öffnet sich uns ein Fenster in die mittelalterliche nordische Gesellschaft, denn wir finden auch den Bischof. Vielleicht ist es sogar der Seelsorger von Trondheim, denn Lewis gehörte damals zu Norwegen und Trondheim war Erzbischofssitz und Zentrum für Schnitzereien aus Walross-Elfenbein. Lewis lag nicht am Weltrand, sondern war wichtiger Knotenpunkt für die seefahrenden Nordmänner zwischen Norwegen und Irland. So erklärt sich der Fundort der insgesamt achtundsiebzig Figuren – elf sind im schottischen Nationalmuseum in Edinburgh.

Irgendwann regt sich auch in diesem Museum der Gedanke an Flucht. Dann wirkt das Sammelsurium wie ein monströser Speicher. Die Erinnerung an den tollen Lichthof mit den leeren weißen Wänden verspricht Entspannung, nur schlägt einen das Museum auf dem Weg zum Ausgang erst recht in den Bann. Von leichtem Schwindel befallen, sucht man den Ausgang aus dem Vermächtnis einer einstigen Weltmacht, indes taumelt man nur zu weiteren Sammelstücken der sonderbarsten Art, ohne Chance auf ein Entrinnen. Dürers Rhinozeros-Miniatur ist da, noch kleiner ist die Münze mit dem Königsprofil, das von dem Sufragettenruf »Votes for Women« überprägt ist. Eine lange Wand mit dramatischen Jagdszenen vom assyrischen Hof gerät fast zum Spießrutenlaufen im Pfeilehagel. Buddha ist auch da. Eine Preziose kann jedoch leicht übersehen werden, ein kleiner gerundeter Stein wie vom Ufer eines Flusses, auf dem zwei innig ineinander verschlungene Figuren zu erahnen sind, die wohl im Liebesakt vertieft sind. Die etwa elftausend Jahre alte Miniskulptur aus den Höhlen von Ain Sakhri bei Bethlehem ist subtil und intim.

Was fehlt? Vielleicht ein Wunschzettelkasten am Ausgang, denn diese weltumfassende Kollektion hat eine Lücke. Gesättigt wie man ist und trotzdem hungrig auf mehr, darf man insgeheim sein ganz persönliches Beutestück vermissen. Vielleicht sogar etwas, das es gar nicht wirklich gibt, ein Schatz der eigenen Erinnerung. Etwas, das man selbst gern mitgenommen hätte von all jenen Lesereisen, die man zwischen Buchdeckeln von Romanen unternommen hat, inspiriert von – natürlich britischen – Entdeckern und Reisenden wie Cook, Stevenson und Melville. Warum, lieber Herr Neil MacGregor, Museumsdirektor und Hüter so vieler Dinge, beschaffen Sie mir nicht den Schrumpfkopf aus dem Besitz des tätowierten polynesischen Harpuniers Queequeg aus Herman Melvilles Erzählung »Moby Dick«?

Ich lege mich fest: Der Streit über die Rückholung von Kulturgütern gehört beigelegt! Das Britische Museum ist die wunderbarste Asservatenkammer des globalen Schaffens. Daran gilt es nicht mehr zu rütteln.

Expedition mit Handicap

Wie Schüler im Rollstuhl ihr Traumziel erobern

Maurice hat großen Respekt vor dieser Himmelfahrt. Eigentlich sogar regelrecht Angst. Die Reise im Riesenrad »London Eye« ist kein Wohlfühltrip für seine Wahrnehmungsstörungen. Nicht mal englischer Nebel schützt ihn vor der schwindelerregenden Perspektive auf die Themse. Eigentlich kann er nicht gut einordnen, wo oben und unten ist, steht auf Kriegsfuß mit Abständen zwischen den Dingen um sich herum. Er platziert sich sicherheitshalber auf der Bank in der Mitte der Glaskabine. So ist alles gleich weit entfernt von ihm. An der Scheibe kleben schon einige Klassenkameraden, irgendwann sogar die stille Maren mit dem Asperger-Syndrom, die sich sonst lieber autistisch zurücknimmt.

Nach zwanzig Minuten passieren wir den Scheitelpunkt. Plötzlich steht auch Maurice neben uns an der Scheibe und sammelt die Souvenirs der *skyline* ein: Westminster Parliament, Tower und Tower Bridge, ein Bürogebäude wie eine Gurke, Buckingham Palace, die Wolkenkratzer der Docklands, Shard, kräftiges Hydepark-Grün, die Schlangenlinien der Themse. Der luftige Einstieg in ein langes London-Wochenende verschafft dreizehn Schülern mit unterschiedlichen körperlichen und geistigen Einschränkungen ein gehöriges Kribbeln.

Ganz schön viel Mut beweist die wilde Dreizehn aus Bochum, als sie London als Ziel ihrer Abschlussklassenfahrt festlegt. Ihre Lehrer auch. Aber der Ruf Londons ist stärker als die Bedenken vor all dem Trubel in der riesigen, von Menschen und Eindrücken überquellenden Großstadt. Ein dreiviertel Jahr dauert es für Schüler, Lehrer, Eltern und begleitende Betreuer, die Reise minutiös vorzubereiten. In der Klasse hatten sie schon mal die britische Flagge aufgehängt, damit das Traumziel vor lauter Aufregung nicht aus dem Sinn geriet. Als Londonkenner, Bruder der Klassenlehrerin, Reporter und Helfer vor Ort war ich mit von der Partie. Auf jeden Fall musste (!) ich Eintrittskarten für ein Fußballspiel besorgen.

Marcel und Seif sind rechte Musterschüler. Lernen macht ihnen Spaß, feiner Humor blitzt ihnen oft aus den Augen. Körperlich sind sie dagegen bis auf ihre Mimik drastisch eingeschränkt und an hochtechnisierte Elektrorollstühle gebunden. Für die Reise wird deshalb ein speziell eingerichteter Bus mit Elektrolift benötigt. Womit die Londonanreise zum echten Busreisen-Klassiker wird. Wer kennt denn heute noch den Ärmelkanal und die Fährfahrt von Calais nach Dover? Billigflüge haben das Gefühl dafür verdrängt, dass Großbritannien auf einer Insel liegt.

Wir mussten zunächst durch drei Länder fahren, Holland, Belgien, Frankreich. So wird Maren später in ihrem peniblen Aufsatz über die Reise konstatieren. Und dann das Einschiffen in Calais. Eine Klippe auf dem Weg zu den weißen Felsen von Dover? Mitnichten, denn die Crew an Bord hat sich rührend um unsere Expedition gekümmert. Als die sechs Rollstuhlfahrer an die Reling wollten, wurden Keilrampen herangeschleppt, damit die hohen Schwellen vor den Außentüren überwunden werden konnten. Nach kurzer Fahrt kamen dann die Kalksteinklippen Dovers in Sicht, die gefühlte Grenzmarke der britischen Insel zum Kontinent. Nach der Seefahrt ist es ein Katzensprung von siebenundsiebzig Meilen zu unserem Hotel im Stadtteil Shoreditch. Weil die Gentrifizierung des ehemals armen Viertels inzwischen abgeschlossen ist, gibt es hier nun ein recht barrierefreies Hotel.

Londons Straßen sind für unsere Ausflüge nicht ohne Klippen. Eng wird's, wenn die hydraulische Reisebusbühne die drei Elektrorolli-Fahrer nicht auf den Bürgersteig sondern direkt in den Linksverkehr absetzen muss. Etwa vor Madame Tussauds Wachsfigurenkabinett. Asiatische Touristen starren so stocksteif auf unser Ausstiegs-Schauspiel, als hätte Tussauds sie eigens zum Auslüften auf den Bürgersteig gestellt. Regungslos fasziniert blicken sie dem stark gelähmten Saif hinterher, wie er nur mit Fingerbewegungen am Joystick hantiert, sich mit einem Kickstart von der Fahrbahn entfernt und mit eleganter Kurve im Promikabinett verschwindet. Dort wartet im Gewühl bereits Stephen Hawking auf ihn, der berühmte Astrophysiker im Rollstuhl. Nebendran lächelt Christina Aguilera. Und Hulk. In dem kaum zu überblickenden Gedränge gehen Maurice und Jennifer irgendwie verloren. In der Geisterbahn finden wir sie schließlich wieder. Nur um sie im Maschinenraum der Tower-Hebebrücke erneut zu vermissen.

Dem multikulturellen London eilt zu Recht der Ruf voraus, besonders tolerant zu sein. Etwa beim Aussteigen mitten im Halteverboot am Leicester Square, im wochenendbewegten Westend. *No problem!* Niemand hupt genervt, die Taxifahrer sorgen dafür, dass der Verkehr einen Bogen um unseren Bus macht. Ein Eisverkäufer bewundert unseren Ausflug ins Westend so sehr, dass er spontan eine Runde Eis spendiert. Der Weg ins berühmteste europäische *nightlife* ist geebnet. Auch dort begegnen uns alle entspannt und kooperativ. Ein Chinatown-Restaurant schafft flott Platz für Rollstühle, eine *drag queen* auf Stelzen posiert gern für ein Foto mit Pino in seinem Sportrolli, und die dunklen Gestalten in einer Seitengasse kicken extra Glasscherben aus dem Weg der Rollstuhlreifen. Je dichter das Treiben zwischen Pubs und Theatern, desto mehr genießt Pino den *Downtown*-Ausflug: »Geiles Lebensgefühl!« »Cooler Stuhl«, komplimentiert ein pechschwarzer Türsteher. Wir gewinnen richtige Fans. Jemand erkundigt sich, wie man etwas für die Schule spenden könne.

U-Bahn-Fahren entpuppt sich als Londons größte Herausforderung. »*Mind the gap*«, der Klassiker aus dem Lautsprecher, warnt nicht umsonst

vor der Lücke zwischen Bahnsteig und Wagen-
schwelle. Unser Ausflug wird länger als geplant.
Weil wir Sebastians E-Rolli nicht über die Lücken
an diversen Haltestellen hieven können, endet der
Trip mit der Jubilee Line erst im Nordwesten am
neuen Wembley Stadion. Den Fußballtempel kann
man wenigstens von der U-Bahn-Station sehen,
weshalb wir den Umweg als Erfolg verbuchen.

London ohne Fußball geht ja kaum. Ich habe
nur Karten für ein Zweitligaspiel bekommen, aber
immerhin. Charlton Athletic im Südosten spielt
gegen die Wolverhampton Wanderers. Spitzen-
spiel! Pascal und Maurice, aktive Fans des VfL
Bochum, finden, das Stadion wirke wie das von
Arminia Bielefeld. Die Stimmung ist prächtig,
das Spiel so spannend, dass ich ständig vergesse,
dass Sebastian einfach nicht an die hingehaltenen
Pommes heranreicht. Wie soll er auch, er kann
außer einem Finger an der Rollstuhlsteuerung
kaum noch etwas bewegen, das Muskelgewebe
des Sechzehnjährigen wandelt sich unaufhaltbar
in Fettgewebe um. »Martin, füttern!«, ruft er fei-
xend in jede Strafraumszene. Darüber lachen wir
noch, als ich ihn abends ins Bett bringe.

Nach dem Spiel ist vor dem Spiel. Ein Park
in der Nähe des riesigen O2-Domes gibt alles für
einen gelungenen Spätnachmittag her: Ball und
Pub. Auf dem Rasen kickt ein junger Londoner
wie einst Beckham und bringt Pascal und Maurice ziemlich ins Schwitzen. Das Bier in der uri-
gen Kneipe mundet bitter. Noch bitterer ist der
Abschied von London am nächsten Morgen. Ob

man je wieder herkommen wird? »Bestimmt nicht wegen der Orangenmarmelade«, juxt Sebastian beim Frühstück. Das ist dann schon fast englischer Humor.

Mind the Gap

Die »tube« ist sozial, poetisch und manchmal komisch

»London Underground ist keine politische Bewegung. Habe ich nachgeschlagen.« Erklärt Wanda ihrem Geliebten Otto in der Filmkomödie »A Fish Called Wanda«. Klingt knapp und hat eine Prise Humor von Monty Python. Ist aber als Haltestellen-Prosa zu wohlfeil, um eiligen Londonern den Wartemoment an einer U-Bahn-Station sinnlich zu verdichten. Denn der hiesige Pendler ist Besseres gewöhnt. Gedichte und Aphorismen sind quasi sein poetischer Pausensnack, seit 1986 schmücken »Poems on the Underground« die Züge und zweihundertsiebzig Stationen. Die mit einem Gedicht versüßte Wartezeit auf dem Bahnsteig ist für Zugfahrer lyrische Unterstützung gegen die sisyphosartige Pendelei durch den Untergrund. London Underground ist also keine politische, manchmal aber eine poetische Bewegung.

So gewinnt der typisch abwesende Nahverkehrsblick Londoner Bahnfahrer eine ganz neue Dimension. Man schaut quasi nach innen und sinniert. Jean-Paul Sartres Bonmot »Die Hölle, das sind die anderen« könnte als existenzialistische Munition für die *rush hour* durchgehen. Mahatma Gandhis »*There is more to life than increasing at speed*« klingt nach einem höhnischem

Kommentar, wenn der Zugführer sich gerade für den unplanmäßigen Stopp in der engen Tunnelröhre entschuldigt. Die beiden Sinnsprüche stehen seit 2009 dem Personal der Piccadilly Line zur Verfügung, um Pannen würzen zu können. Der Künstler und Gewinner des angesehenen Turner-Preises, Jeremy Deller, hat ein Kompendium von Sinnsprüchen zusammengestellt, in Zusammenarbeit mit dem bahnerfahrenen Komiker Arthur Smith und der Verkehrsbehörde. »*The only reason for time is so that everything doesn't happen at once*« stammt von Albert Einstein. Das Verhältnis von Raum und Zeit bekommt in einer stehenden U-Bahn über den von Einstein anvisierten kosmischen Drall hinaus auch eine komische Komponente. Viele der Aphorismen klingen aber leicht bemüht und ringen dem Pendler nur eine müde Grimasse ab. Da hat mancher Zugfahrer spontan weniger anbiederndes und situationskomischeres auf Lager. Glücklich der Reisende, der eines der inzwischen zehn Lyrik-Bändchen von »Poems on the Underground« eingesteckt hat.

Die Londoner sind ein pragmatisches Völkchen und nennen ihre U-Bahn einfach nur *tube*. Durch die Röhre quetschen sich an einem Werktag wohl 3,7 Millionen Fahrgäste. Von den vierhundertzwei Kilometern Strecke führen weniger als die Hälfte durch die Röhre, der Rest befindet sich tatsächlich an der Oberfläche. London Underground ist zwar nur noch die drittlängste der Erde – Shanghai und Peking liegen inzwischen vorn –, jedoch kann man ihr den Titel der ältesten

Metro nicht mehr nehmen. 2013 feierte die *tube* ihren hundertfünfzigsten Geburtstag. Bei der Gründungsfahrt der damaligen Metropolitan Railway am 10. Januar 1863 war London der industrielle Nabel der Welt. Und der erste Tunnel unter der Themse eine nervenaufreibende Ingenieurleistung, eine Art achtes Weltwunder.

Am 10. November 1827 begaben sich fünfzig wichtige Londoner Finanziers in den Untergrund, um pompös zu feiern, zu speisen und zu trinken. Sie alle hatten viel Geld in eine unerhörte Idee gesteckt. Ein charismatischer Ingenieur französischer Herkunft hatte sie dafür begeistert, einen Tunnelbau unter der Themse zu finanzieren. Der höchst einflussreiche Herzog von Wellington war mit von der Partie. Ganz London – und das waren weit über eine Million Menschen – war angesteckt von der Tunnelvision des Marc Isambard Brunel. Eigentlich schaute sogar die ganze technisierte Welt wie gebannt nach London. Brunels technische Vision, gepaart mit charmanter Überzeugungskraft, nimmermüder Leidenschaft, unerschütterlicher Beharrlichkeit und einem gewagtem Quantum Optimismus waren einfach zu reizvoll für die damalige Welt, in der galoppierender industrieller Fortschritt sogar einen Tunnel unter einem Fluss mit schlammweichem Flussbett nicht unmöglich erscheinen ließ.

Im März 1825 erfolgte der erste Spatenstich in Rotherhithe, nachdem Parlament und König ihr Placet für die Thames Tunnel Company gegeben, Geld eingesammelt und Arbeiter angeheuert worden waren. Aber dann passierte das, was Marc Brunel insgeheim immer erwartet hatte, was er aber höchstens mit seiner englischen Frau Isabel Kingdom und seinem als blutjungem Ingenieur am Projekt beteiligten Sohn Isambard Kingdom Brunel geteilt hatte. Im Mai 1827 fand die Themse einen Weg in das fertige Stück Tunnel. Wo mittels des von Brunel angewandten frühen Schildvortriebs grabende Arbeiter zentimeterweise den lockeren Flusssockel aushöhlten, schoss die Flut eines stinkenden Cocktails aus Fluss- und Meerwasser sowie allerlei Notdurft einer Millionenstadt in den Tunnel. Monatelang wurde das Leck mithilfe einer Tauchglocke geflickt und das Wasser von dampfgetriebenen Pumpen aus dem Tunnel gesaugt. Alles lag endlich wieder trocken, so aber auch der Weiterbau.

Das hätte das Ende sein können. Doch statt sich bei Volk, Finanziers und Queen zu entschuldigen, lud Brunel Senior zu besagter Party. Der Tunnelblick des Ingenieurs verlangte ein unermüdliches Lobbying und Marketing. So wurde es Neugierigen gegen Entgelt erlaubt, sich mit Booten durch die unterirdische Brühe staken zu lassen, wann immer die Themse wieder in den Tunnel einbrach. Das Underground-Bankett hatte zum Ergebnis, dass weitergebaut wurde.

Wir sitzen in jener schmucklosen Partyhöhle, heute zum Tunnel hin zugemauert, halb so groß wie das Globe Theatre. »Hier hat der öffentliche Nahverkehr der Londoner Pendler seinen Ursprung«, sagt Brunel-Fan Robert Hulse, Kurator eines der kleinsten und obskursten Museen der Stadt. Die unterirdische Rundhalle, Isambards vertikaler Grabungsstollen von Rotherhithe, war gut hundertfünfzig Jahre geschlossen. Jetzt ist sie Teil des Brunel Museums und man soll sich hier auch bald wieder versammeln können. Zunächst muss man allerdings fast kriechen, um durch den kleinen Zugang in die Halle zu gelangen.

Drinnen hallen des Kurators Tunnelbaugeschichten von den Wänden wider. »Die Themse spie den jungen Isambard Kingdom Brunel zunächst aus und ließ ihn später wieder vom Stapel«, spannt Robert Hulse dramatisch den Lebensbogen des wohl berühmtesten Ingenieurs des Vereinigten Königreichs. Nicht die Stevensons, die Britanniens Küsten mit Leuchttürmen ausstatteten, nicht der berühmte Straßen- und Brückenbauer Telford, eifersüchtiger Gegenspieler von Vater Brunel, nein, Brunel Junior sollte letztendlich der Primus werden. Fast wäre der junge Ingenieur während eines gewaltigen Wassereinbruchs zwischen den Endpunkten Rotherhithe und Wapping ertrunken. Er surfte auf der Brühe bis zum Zugang und wurde vom Tunnel regelrecht ausgespuckt (zwei Arbeiter hatten weniger Glück). Brunel machte weiter. Und erreichte schließlich mit dem Vortrieb das andere Ufer. 1843 wurde der dreihundertsechsundsechzig Meter lange Thames Tunnel eröffnet.

Und blieb eine Generation lang nur Fußgängern vorbehalten. Ursprünglich sollten Güter unter der Themse das Flussufer wechseln, aber es

war finanziell unmöglich, Zufahrten für Pferdefuhrwerke zu den beiden Einstiegsschächten zu
bauen. So ging ganz London im Tunnel spazieren,
Queen Victoria eingeschlossen. Geschäfte siedel-
ten sich an – auch das älteste Gewerbe der Welt –,
Taschendiebe lauerten hinter den Rundbögen auf
Beute. Der Brunel-Tunnel war weltweit das erste
Shopping- und Vergnügungszentrum unter einem
befahrenen Fluss. Jeder Tourist wollte hinabstei-
gen in den *underground*. Der erste Zug verkehr-
te 1869, heute wird der Tunnel von *Overground*-
Zügen genutzt, dem zweiten Nahverkehrsnetz
Londons.

Der Vater des U-Bahn-Baus und die Themse
konnten nicht voneinander lassen. Nach dem
Tunnel ließ Brunel Junior 1857 das größte und
sicherste Passagierschiff der Welt vom Stapel,
seiner Zeit erneut weit voraus. Die zweihundert-
elf Meter lange Great Eastern musste wegen ihrer schieren Größe seitwärts ins Wasser gelassen
werden, mit Gewalt fast, weshalb die notorisch
abergläubischen Seeleute ihr gleich einen Namen
verpassten: *»The ship that didn't like the water«*.
Die Balken des Stapellaufs liegen noch neben der
Themse, gegenüber vom Deptford Creek. Der Se-
geldampfer mit Platz für viertausend Passagiere
hatte doppelte Stahlwände und wäre sicher nicht
an einem Eisberg zerschellt, wie fünfundfünfzig
Jahre später die Titanic. Indes war die Zeit damals
noch nicht reif für Kreuzfahrten und das monst-
röse Schiff fuhr oft fast leer.

An einem stickigen Sommertag gibt es in London keinen erfrischenderen Moment, als die Sekunden, bevor die U-Bahn ratternd in eine unterirdische Station schießt, einen Schwall Luft vor sich her pressend. Wem das übel aufstößt, der sollte sich die Anfangsjahre der *tube* vorstellen. Denn die ersten mit Gaslampen beleuchteten Wagen der Metropolitan Railway wurden von kohlebefeuerten Dampflokomotiven gezogen, zwischen Paddington und Farringdon. Am ersten Verkehrstag, dem 9. Januar 1863, ertrugen vierzigtausend Passagiere eine wahre Hölle unter Tage. War der Kohlensmog über Tage bereits ein Gesundheitsrisiko für die damals schon mehr als drei Millionen Londoner, wartete im Untergrund ein beißendes Inferno, in das man über hölzerne Wendeltreppen hinabstieg. Die erste hölzerne Rolltreppe wurde erst 1911 an der Earl's Court Station installiert, auf ihre Sicherheit getestet von einem einbeinigen Mann als Versuchsfahrer. Inzwischen existiert nur noch eine *Tube*-Rolltreppe mit hölzerner Trittfläche. Die Greenford Station an der Circle Line ist der letzte *link* in die Vergangenheit, seit man nach dem großen, fatalen Feuer in der King's Cross Station 1987 fast alles Holz in den Zugängen ersetzt hat.

Die Verbundenheit der Londoner mit ihrer *tube* steht außer Frage, auch wenn es sicher eine Zweckgemeinschaft ist. Sie funktioniert wohl wie die uneingestandene Liebe zu einer ewigen Baustelle, die aber letztlich immer wieder neue Verbesserungen hervorbringt. Man erträgt ihre Macken oft murrend, aber mit Respekt. Von Beginn an formte die *tube* eine Ein-Klassen-Gesellschaft, erlaubte Arbeitern schnellere Wege zum Job, kurbelte den Konsum auf Oxford und Regent Street an, ließ den Hausbau um die Haltestellen explodieren. In drei Jahren Bauzeit für Golders Green Station entstanden zwanzigtausend Häuser, und dem nördlichen Vorort Morden brachte die Haltestelle der Northern Line im Nu eine Verzwölffachung der Einwohnerzahl. Der weltberühmte U-Bahn-Plan, erdacht 1931 von Harry Beck, gilt als Londons beliebtestes Designobjekt. Die einzige maßgebliche Londonerin, die der *tube* die kalte Schulter zeigte und sie als zweitklassiges Verkehrsmittel behandelte, war Margaret Thatcher. Für die Eiserne Lady zählte der Individualismus, dem sozialen Beförderungsmittel wurde der Geldhahn abgedreht. Am Thatcherismus krankt die *tube* immer noch. Auch deshalb sind an jedem Wochenende einige Stationen und Linien wegen Bauarbeiten geschlossen.

Der kürzeste Aphorismus um die *tube* hat nur drei Worte: *Mind the gap!* Er entstand, weil die älteren Linienführungen den Hauptstraßen folgten. Lag die Station unter einer Biegung der Straße, beschrieb auch der Bahnsteig eine Kurve, weshalb es oft zu abweichenden Abständen beim Einstieg kam: *the gap*.

Einer der früheren Ansager des Mantras war der Schauspieler Oswald Laurence, Briten bekannt aus der Verfilmung des humorigen Themseromans »Three Men in a Boat«. Seit 1969 erklang seine Warnung, warm aber bestimmt. Eine Stimme zum Verlieben. Als Laurence 2001 starb, stieg seine Witwe hin und wieder zu einer *Tube*-Station hinab, um der Stimme ihres Gatten zu lauschen. Als Laurence dann zugunsten einer moderneren computergesteuerten Stimme verstummte, bat die Witwe die Verkehrsbehörde um eine Aufzeichnung der Ansage. London Underground tat nicht nur das, sondern führte 2013 die Stimme von Laurence dort wieder ein, wo sie erstmals erklang: an der Embankment Station der Northern Line, nördlicher Bahnsteig. London Underground ist eben doch poetisch bewegend.

Ein »pint« Salzwasser mit Milch

Im frivolen Seebad Brighton geht London baden

»*Very kinky*« – total sexy! Stadtführerin Madame Haslam-Dodo schwärmt von Brighton, als hätte sie sich die Stadt wie ein gewagtes Kleidchen übergestreift. Wenn eine Französin sich ausgerechnet in einem englischen Seebad mit ziemlich schillerndem Ruf niederlässt und ihre Wahlheimat aufregend frivol findet, sollte man Brighton mal tief in den Ausschnitt schauen.

Es muss die Seeluft sein, die Brighton so prickelnd macht. Die erregt nicht nur Madame, die übrigens im korrekten Kostüm durch die Stadt führt, sie verleitet auch Zehntausende von Hauptstädtern, an flirrend heißen Sommertagen an ihr Strandziel zu flüchten. Denn Brighton ist die Riviera Londons. Am Ärmelkanal. Mit Kiesstrand. Mit einer Atmosphäre, wie sie an keiner Côte herrscht.

Pistazieneisgrün getünchte Gusseisengeländer rahmen eine schier endlose Uferpromenade. Davor breitet sich ein rustikaler Strand mit Feuersteinkieseln aus. Eine Seebrücke ragt ins Meer, besetzt mit Spielhölle, Wahrsager- und Pommesbuden, Kinderkarussell und Segeltuchstühlen. Brightons Pier ist angeblich der lauteste und profitabelste von allen Vergnügungsstegen an Englands Küsten. Die Promenade wird durch eine lange Reihe von Katakomben ausgehöhlt, dereinst Bootsschuppen, heute Restaurants, Nachtclubs, Künstlerateliers, Souvenirshops, Eisladen und Muckibude. Besonders am Wochenende sieht man hier vor lauter sich im Badedress tummelnden Engländern den Strand nicht mehr. Das extrovertierte Spektakel lebt von krassen Gegensätzen: Tätowierte Männerpärchen turteln neben gutsituierten Damen mit pinkfarbenen Hutkreationen sowie weißhaarigen Rentnern mit wohlerzogenen Hunden. »Laissez faire«, kommentiert Madame.

Alles begann vor gut zweihundert Jahren. Was müssen die Fischer und ihre Frauen gestaunt haben, als plötzlich Gebrechliche und Melancholiker das Meer vor Brighton als Gesundbrunnen entdeckten. Kalt musste das Wasser sein, damit die Krankheiten quasi aus den Poren flohen; der Salzgehalt garantierte angeblich Breitband-Heilung. Sogar innerlich verschrieb das der lokale Arzt Richard Russel. Ein *pint*, lauwarm und natürlich mit Milch genossen, galt als Tonikum. Eine *pump station* leitete ab 1864 Meerwasser direkt in die Zimmer des heute immer noch prächtigen Grand Hotels. Das Bürgertum ließ sich nieder oder reiste zum Amüsement an. Die Fischer schulten um auf Badesänften-Betreiber und trugen sie als Umkleidekabinen in die Wellen. Fischerfrauen besorgten das Eintauchen, hießen fortan *dipper*. Brighton wurde zum Wellness-Dorado für alle Klassen der Londoner Gesellschaft.

Körperkult sei immer noch eine brightonsche Attraktion, grinst Madame Haslam-Dodo. Das liege auch am Einfluss der homosexuellen Gemeinde, die immerhin ein Fünftel der zweihundertfünfundsiebzigtausend Einwohner von Brighton-Hove am Ärmelkanal ausmacht. Dazu passt diese Szene aus dem Nachtleben: Ein eckiger Mini parkt vor dem vegetarischen Top-Restaurant Terre à Terre, davor ein Sportwagen in schreiendem Pink. »Hey, seit wann seid ihr denn schwul?«, will der kahlköpfige Mini-Beifahrer von den beiden schicken Coupé-Insassen lauthals wissen. »Halt's Maul, sonst holen wir dich«, kommt der Konter.

Derweil wird im besagten Restaurant der Wortschatz ausgeweitet: *A twang of perky piccalilli … finished with a carrot blitz …!* Senfgemüse-Flirt und finale Möhren-Offensive … die Gerichte im Terre à Terre erinnern im Aussehen an Gemüsebomben, kulinarische Dauerwellen oder Kronleuchter-Soufflés. Das engagierte Personal braucht minutenlang zur Erläuterung komplizierter fleischloser Kreationen, danach will man das Angerichtete gar nicht mehr attackieren.

Brightons Strandpromenade geht nahtlos in ein entzückendes Gassenviertel über, wo das *Shopping*-Angebot einer Wundertüte gleicht. In den North Laines übertreffen sich die kleinen Läden mit den erstaunlichsten Produkten. Ein veganes Schuhgeschäft in der Gardner Street ersetzt Leder durch eine Mikrofaser aus dem Segelbereich. Das schicke Schuhwerk wird von vegan lebenden *celebrities* wie Natalie Portman getragen. In der Sydney Street betritt man eine Art Amazonas-*Drugstore* mit *Fair-Trade*-Anspruch. Das Guaraná-Café hat vor allem den koffeinhaltigen Extrakt der südamerikanischen Guaraná-Lianenfrucht in den Regalen. Ein Milchshake oder ein Fruchtsaft mit dem Wachmacher aus der indianischen Waldapotheke ist in Brighton seit Jahren Kult und für das ausgeprägte Nachtleben das rechte Elixier. »*We work hard and we play hard*« – harte Arbeit, intensives Vergnügen –, beschreibt der Inhaber des schönen Cafés brightonsche Lebenskunst und verschreibt dafür Guaraná.

Fehlen eigentlich nur noch Schokolade und Erotik zur Abrundung eines sinnlichen Ausflugs nach Brighton. Daran mangelt es nicht. Choccywoccydoodah! Der Name einer Schokoboutique bringt die Zunge zum Tanzen. *High heels* zum Dahinschmelzen im Schaufenster locken hinein. Drinnen ist alles essbar, die Vöglein, Katzen, Hunde, Gartenzwerge, Halloweenmasken, Hochzeitsgirlanden. Sogar die Totenköpfe sind zum Anbeißen. Das Szenario mutet an wie eine verzuckerte Wiedergeburt viktorianischer Lebensart. Derart angefixt fällt auch der Schritt über die Schwelle des sehr feinen Erotikgeschäfts nicht mehr schwer. Der Name verführt diesmal hintergründiger. Hinter »She Said«, diskret untergebracht in einer Gasse, verbirgt sich ein Maximum an Verführungskunst für die geneigte Dame und den spendablen Herrn, fachfrauische Beratung inklusive.

Wem zu allem Überfluss nun noch das Visitenkärtchen des Boutiquehotels Pelirocco in die

Hände fällt, könnte schnell verführt werden, die Einkäufe nicht erst in London auszuprobieren, sondern den Brighton-Abstecher in einem der schräg veredelten neunzehn Schlafzimmer des aparten Hotels zu verlängern. Es böte sich die Suite mit dem Spiegel über dem runden Bett, oder die Sechziger-Jahre-Atmosphäre des Rock'n'Roll-Zimmers. Brighton war zu jener Zeit Arena der gesellschaftlichen und musikalischen Rivalität von Mods und Rockern, im Pelirocco reflektiert durch Nachttischchen aus Lambretta-Rollern und Parka-Bettwäsche. Als Vorspiel für die Nacht eignen sich die auf sinnliche Namen getauften Cocktails an der Bar. Es wird nicht besonders verwundern, wenn dort schon Elvis Presley in Begleitung einer *drag queen* trinkt, hereingeschneit vom Kongress für Elvis-Darsteller.

Kesse Frechheiten lauern in Brighton also in jeder Gasse. Das weniger abgefahrene Ladenviertel The Lanes mutet zunächst so englisch an, wie es der Name des Fischrestaurants English's vermittelt. Während man sich auf der Gassenterrasse des vierhundert Jahre alten Hauses durch eine opulente Meeresfrüchteplatte schmaust, gerät das abendliche Treiben drumherum zu einem improvisierten Straßenmusical. Mit illustrem Personal, wie einer kugelrunden Opernsängerin, die Puccini singt, einem etwa siebzigjährigen tätowiertem Halbstarken, der mit seinem Transistorradio am Ohr Runden dreht, einem Typen, der sich ein Jesus-Antlitz auf den Bauch hat tätowieren lassen und es in der lauen Abendbrise auslüften lässt.

Natürlich fehlt auf der bunten *Nightlife*-Bühne weder die Magierin mit den Tarotkarten noch eine öffentliche Fußmassage.

Auch Brightons gutbürgerliche Ecken zeigen sich extrovertiert. In Halbkreisen angeordnete Reihenhäuser im eklektizistischen Regency-Stil, wie etwa das strahlend weiß gestrichene Chichester Crescent, wirken wie ein aufgefächerter Pfauenschwanz. Im Stadtzentrum wartet der moderne Gegenentwurf, allerdings auch nicht eben nüchtern. Nur ein paar Schritte vom ehrwürdigen alten Theater, in dem schon Marlene Dietrich auftrat, steht ein Hotel der Gruppe My Hotel. Freddie Mercury trifft den Guru Maharishi Mahesh Yogi – so esoterisch ist das Design-Thema formuliert. Dazu addieren sich noch angewandtes Feng Shui, ein Aquarium und eine Bar wie eine Kreuzung aus Grotte und U-Boot-Führerstand.

Das Überkandidelte an Brighton trägt sogar königliches Siegel. George IV. floh als Prinz 1786 vor väterlicher Strenge und ließ sich in einem Landhaus in Brighton nieder, das er nach und nach zum exzentrischsten Lustschloss Großbritanniens ausbauen ließ. Der Royal Pavilion ist heute neben dem Vergnügungspier Brightons Hauptattraktion. Die Fassade imitiert einen indischen Mogulpalast, die Innenausstattung reflektiert die damalige Chinoiserie, die Begeisterung für die Kunst aus dem Riesenreich. Der Hausherr und spätere König gab sich in Brighton ungehemmt allerlei Genüssen hin und ließ sich vom gleichfalls exaltierten *Dandy*-Stil-Erfinder Beau

Brummel modisch beraten. George blühte bei seinen legendären Winterparties außerordentlich auf und soll einen Taillenumfang von hundertsiebenundzwanzig Zentimetern gehabt haben.

Brighton wäre nicht Brighton, besäße es nicht sein ureigenes Rezept gegen die Folgen zügelloser Lebenslust. Schließlich war man vor dem Karriereknick zum frivolen Sündenbabel ein ernsthaftes Kurbad. Vielleicht erklärt das, warum jeden Morgen um halb acht etwa ein Dutzend Schwimmer direkt neben dem Palace Pier über den Kieselstrand zum Ufer trippeln und ins kühle Kanalwasser abtauchen. Die meisten umschwimmen einmal den Pier. »Auch im Winter versäume ich mein Morgenbad nicht,« sagt der dreiundsiebzigjährige David Sawyers, dessen Ururgroßvater hier 1860 den ersten englischen Schwimmclub gründete.

»Alle englischen Größen haben sich im Kanal ertüchtigt, sogar Byron und der junge Churchill«, verrät David, während er sich auf den für ihn beschwerlichen Weg von der Umkleidekabine ans Ufer macht. Seine Wirbelsäulenarthritis lässt ihn die Tage meist nur noch im Sessel verbringen. »Zum Wasser kann ich nur am Stock gehen. Im Meer schwimme ich dann wie ein Fisch und kann ohne Stock nach Hause laufen. Die Schwerelosigkeit und das kalte Wasser helfen mir, jeden Tag zu genießen.« Sagt's und marschiert mit Flossen ins Wasser. Der Strand ist noch leer, nur ein fröhlich summender Müllmann pickt zwischen den Kieseln den Abfall der Partynacht auf. Schwimmerin Janet, halb russischen, halb iranischen Ur-sprungs, entsteigt derweil dem Meer wie eine prachtvoll in die Jahre gekommene Venus von Brighton, zupft den knappen Bikini zurecht und verrät das Rezept des Jungbrunnens: »Einmal täglich Salzwasser!« Doktor Richard Russel wäre entzückt.

Sonntagsritual

Höhenflüge auf Hampsteads Heide

Meine Londoner Sonntage gehorchen einem Ritual. Ein lauschiger Platz im Grünen, gerne in einem der wunderbaren Londoner Parks, eine voluminöse Tageszeitung unterm Arm, Appetit auf den traditionellen Sonntagsbraten, den *sunday roast*. Das heißt, wenn es nicht regnet. London ist ja, seinem Ruf zum Trotz, trockener als zum Beispiel Sydney oder Rom. Häufig jedoch ziehen pittoreske Wolkengebirge am Himmel auf, die Nähe der Nordsee liegt in der Luft. Der romantische Maler John Constable hat vor fast zweihundert Jahren die herrlichsten Wolkenstudien Londons gemalt. Sein Blick reichte dabei von den Höhen Hampsteads bis zur St. Paul's Cathedral im Themsetal. Deren ferne Kuppel liegt auf der Höhe der grünen Hügel von Hampstead, meinem bevorzugten Ziel für einen entspannten Sonntag.

Das Dorf nördlich der Innenstadt liegt nur knapp hundert Meter hoch, wirkt aber weiter entrückt. Hampstead scheint an einem Sonntagmorgen nicht von Londons hektischer Welt zu sein. Die gemütlichen Pubs, an Landgasthöfe erinnernd, sind bis mittags geschlossen. Von meiner Bleibe in Cricklewood steil nach Hampstead hinaufzuradeln ist ein Genuss, weil der Verkehr erst langsam in die Gänge kommt. Der neben Chelsea und Kensington reichste Vorort Londons döst noch vor sich hin. Die mit blutrot glasierter Terrakotta gekachelte U-Bahn-Station, ein sehr typisches Bahnhofsbauwerk des Arts-and-Crafts-Architekten Leslie Green, wirkt, als sei sie geschlossen. Ein Hund überquert trödelnd die Kreuzung davor, sie gehört an einem solchen Morgen ihm allein.

Die sonntägliche Hauptaufgabe des anspruchsvollen Londoners ist es, eine der Wochenendzeitungen zu lesen. Eigentlich ist es sogar die einzige Tätigkeit, die sich, von diversen Pausen unterbrochen, über den Tag erstreckt. Dabei wird das *broadsheet* so knittrig zerpflückt, dass es am Tagesende doppelt so dick wirkt. Manche Sonntagsbummler widmen sich gar zwei Zeitungen, etwa der *Sunday Times* und dem *Observer*, dem Sonntagsblatt des *Guardian*. Jahrelang habe ich dem liberalen *Observer* den Vorrang gegeben, auch weil er sich nicht so londonzentriert präsentierte, wie sich die bisweilen sehr auf den eigenen Nabel schauende Hauptstadtpresse gern geriert. Da der *Observer* inzwischen seine einstige Meinungsstärke für Belanglosigkeiten wie kochende Promis und Mode geopfert hat, genügt mir die ausgezeichnete Samstagsausgabe des *Guardian* fürs ganze Wochenende.

So bestückt verziehe ich mich in ein paradiesisches Stück Garten, dass selbst Kennern der entzückendsten Winkel von Hampstead Heath wenig bekannt ist. Der Hill Garden liegt im westlichen

Heath, am Rand eines alten Waldes, durch dessen weglose Teile zu irren einen der ungewöhnlichsten Spaziergänge in London garantiert. Plötzlich lichtet sich die Baumdichte und eine abgelegene Treppe führt in den Garten. Ich schlüpfe hinein und stehe in einer hundertjährigen Pergola, die teilweise mit Kiwibäumen begrünt ist. An einem Ende wirkt sie wie eine von Baumwurzeln in Besitz genommene Ruine, zum anderen Ende hin verläuft sie als verwinkelter Laufsteg über Rosenstöcke und gut gepflegte alte Rabatten. Dies ist einer der romantischten Orte Londons, scheinbar vergessen, aber nicht vergilbt, mit spürbar magischer Energie. Paare, die sich hier das Jawort geben, sollten erneut herkommen, wenn ihre Liebe wieder eine Portion des alten Zaubers benötigt.

Meine Zeitung lese ich am rechteckigen Pool, der wohl früher mal der Tennisplatz seines Besitzers gewesen ist, des Industriellen, Politikers und Philantropen Lord Leverhulme. Der viktorianische Magnat kam aus kleinen Verhältnissen, machte ein Vermögen durch den Import von Palmöl, das er zu den bekanntesten Seifenprodukten der Welt verarbeitete. Als er vor einem Jahrhundert diesen Garten bauen ließ, war Hampstead noch ein Dorf nördlich von London; Anwesen und Garten waren nur auf Einladung zu betreten, es sei denn man gehörte zur Dutzendschaft der Gärtner. Heute gehört der Garten dem, der ihn findet.

Der Weg ins Dorf führt über eine Straßenkreuzung, die von einem großen Teich dominiert wird. Der Whitestone Pond liegt auf hundertvierunddreißig Metern und ist einer der höchsten Punkte Londons. Von hier an ging es für Reiter und Pferdefuhrwerke bergab nach London; im *pond* konnten sich die Pferde abkühlen. An Ort und Stelle soll sich eins der Armada-Leuchtfeuer befunden haben. Als die spanische Armada 1588 vor der Küste von Hampshire zuerst gesichtet wurde, ging die Nachricht wie ein Lauffeuer durch Südengland, weitergeleitet über Lichtsignale von ähnlich exponierten Stellen. Zwei Tage benötigte die alarmierende Neuigkeit von der Südwestküste bis nach Hampstead.

Es ist nun Zeit für den *sunday roast*. Durch einige steile, alte Terrassen erreiche ich eins der heimeligsten Pub-Restaurants von London. Das Holly Bush ist sicher schon oft renoviert worden, seit es 1640 als Stallung errichtet wurde, aber niemals hat man versucht, sein Alter zu übertünchen. Große Geister, Maler und Literaten haben hier getrunken, etwa der meistzitierte englische Autor nach Shakespeare, Samuel Johnson. Johnson war ein Mann des scharfen Intellekts und Verfasser des ersten englischen Wörterbuchs. Weshalb es sich anbietet, hier erneut meine Zeitungslektüre aufzunehmen, während ich auf meinen Sonntagsbraten mit Yorkshire Pudding warte.

Gegenüber dem Holly Bush hat Jamie Oliver gewohnt. Der Koch ist aber inzwischen ausgezogen, angeblich weil Kneipenbesucher nächtens an seine Tür hämmerten, wenn es ihnen nach englischem Frühstück mit Speck gelüstete. Berühmtheit hat eben einen Preis. Für Prominenz war

Hampstead immer schon ein Magnet. Zahlreiche Plaketten an Hauseingängen erinnern an Literaten und Künstler. Noch bevor Hampsteads Klima intellektuell wurde, geriet es als Kurflecken in den Fokus, da hier eine eisenhaltige Quelle entsprang, neben vier Flüsschen, darunter der Fleet River. Hampsteads Abgeschiedenheit hatte zunächst Mönche aus Westminster auf der Flucht vor der Pest angelockt, später versuchten reiche Städter den Pocken, der Tuberkulose und der Cholera zu entkommen. Im 19. Jahrhundert wuchs Hampstead zu einem stattlichen Vorort mit herausragenden Bürgerhäusern heran.

Autoren wie die Daphne du Maurier, H. G. Wells und Robert Louis Stevenson zogen ein. Gilbert Scott, der viktorianische Stararchitekt, wohnte mal im Haus des exzentrischen Seefahrtoffiziers Fountain North, welcher gern Salutschüsse mit einer Kanone vom Dach seines Domizils abfeuerte. Und prompt weiterlebte als Admiral Boom in der Mary-Poppins-Geschichte von P. L. Travers, ebenfalls eine Bewohnerin Hampsteads. Verrücktheiten, Zeitreisen, Piratengeschichten – Hampstead entpuppte sich als Ort voll kreativer Energie. John Keats erdachte hier um 1818 erotische Verse, bevor er fünfundzwanzigjährig starb. George Romney wohnte um die Ecke vom Holly Bush und malte ab 1782 die berühmte Porträtserie von Emma Hamilton, einem gesanglich talentierten schönen Dienstmädchen, das Romney durch vierzig Porträts europaweit berühmt machte. Ihre abenteuerliche Karriere als Mätresse und Muse berühmter Briten kulminierte in der pikanten Dreiecksbeziehung zwischen dem britischen Gesandten in Neapel, Ehemann William Hamilton, und Britanniens größtem Seehelden, Lord Nelson. Vorzüglich nachzulesen in Susan Sontags Roman »Der Liebhaber des Vulkans«. Eine prächtige Lektüre für Wintertage am Pub-Kamin.

Aktuell kommen die Prominenten Hampsteads aus anderen Sparten. Die Spice Girls, Fußballer wie Thierry Henry und Jens Lehmann, die Musiker Herbert Grönemeyer und Liam Gallagher, Schauspieler wie Jude Law und Emma Thompson fühlen sich wohl im Dorf. Es ist trotzdem eher unwahrscheinlich, zum Nachtisch ein paar VIPs zu entdecken, ergiebiger ist ein Besuch des Gartens von Fenton House, in dem fünfzig alte Apfelsorten unbesungen hinter Backsteinmauern gedeihen.

Erneut auf in die Landschaft. Hampstead Heath ist mit gut dreihundert Hektar etwas kleiner als New Yorks Central Park, aber ungleich geheimnisvoller. Das Grün rollt auf und ab, gespickt mit Inseln aus knorrigen Bäumen und kleinen Seen, die wie dunkle Spiegel locken. Drei laden ein zum Bad, einer für Frauen, einer für Männer, einer für beide. Das Wasser ist weich, samtig und schwer vom Schattengrün der Bäume, die Erfrischung ist sanft. An wolkenverhangenen Tagen kann das Heath wie eine verwunschene Wildnis wirken. Bram Stoker nutzte das als Inspiration für sein viktorianisches Dracula-Epos und lässt herumirrenden Kindern nachts auf dem Heath eine

»bloofer lady« erscheinen. Die »beautiful lady« ist die im Roman zum Vampir mutierte Dame Lucy Westenra – noch so eine Kaminlektüre.

Vom Mixed Pond ist es ein schöner Fußweg zum Parliament Hill, einer grünen Kuppe, von wo aus sich die Stadt in der Sommertagshitze wie eine Fata Morgana präsentiert. Die bange Stimmung, die in den Verstecken des Heath herrschen kann, ist hier oben dem Klima einer Hügeleroberung gewichen. Lenkdrachen surren über Köpfen, schweißglänzende Läufer quälen sich mit freiem Oberkörper den Hügel hinauf. Zum Lesen meiner Zeitung steuere ich den Café-Garten des eleganten Herrschaftssitzes Kenwood House an, ein Meisterstück des schottischen Klassizismus-Architekten Robert Adam. Bald prangt ein üppiges buntes Stück Möhrentorte wie ein Stilleben vor mir. Drinnen schmückt subtilere Kunst die Wände: ein spätes Selbstbildnis Rembrandts und Vermeers »Die Gitarrenspielerin«. Fans von Prominenten kommen auch auf ihre Kosten: Hugh Grant und Julia Roberts drehten hier die finale Szene des Films »Notting Hill«. Es gibt kein filmreiferes herrschaftliches Ambiente in London als Kenwood House.

Ein derart erfüllter sonntäglicher Spannungsbogen zwischen den gesellschaftlichen und den landschaftlichen Höhenflügen von Hampstead braucht einen passenden Schluss. Warum nicht ein Friedhof? Denn auch auf all die prosperierenden Herrschaften der viktorianischen Gesellschaft wartete, trotz all der guten Luft Hampsteads, am Ende doch der Tod. Was von ihrem Leben übrig blieb, sollte auch im Nachhinein präsentabel sein. Ein Abstecher über den verwunschen wuchernden Friedhof von Highgate verrät viel vom Geltungsgefühl der führenden Bürgerklasse. Besonders der nur geführt zu begehende Westfriedhof von 1839 setzt dem Spaziergang ein auffälliges Ende. Als London zu jener Zeit zum ersten Mal private, kommerzielle Friedhöfe in Vororten erlaubte, entstand der Highgate Cemetery als einer von insgesamt sieben pompösen Bestattungsanlagen, genannt die Magnificent Seven.

Das Geschäft mit dem Sterben florierte so prächtig, dass der Friedhof nach zwanzig Jahren mit über zehntausend Gräbern gefüllt war und man das Gelände auf der anderen Straßenseite hinzufügte. Der hochfahrend im neogotischen und ägyptischen Stil gehaltene Westfriedhof wartet mit skurrilen Grabideen auf. Da ruht etwa Thomas Sayers, ein Maurer aus Brighton, der gesellschaftlich eigentlich gar nicht hierher passt. Aber sein Titel als erster Boxweltmeister im Schwergewicht und besonders seine barfäustige Titelverteidigung über siebenunddreißig Runden brachte ihm unsterblichen Ruhm und soviel Spenden, dass er nach seinem Tod hier einziehen durfte; es sollen zehntausend Menschen an seiner Beerdigung teilgenommen haben. Verfehlen kann man seine Ruhestätte nicht, denn sie ist mit der Skulptur seines Hundes versehen.

Das Mausoleum von Julius Beer erzählt eine auf andere Art faszinierende Geschichte. Das spektakulärste Grab des Friedhofs beherbergt den Nachruf des Besitzers der Zeitung *Observer*, der Welt erster Sonntagszeitung seit 1791. Der in Frankfurt gebürtige jüdische Unternehmer muss sich in London trotz seiner geschäftlichen Erfolge als Versager gefühlt haben, denn für die frühen Viktorianer galt geschäftlich erworbener Reichtum nichts im Vergleich zum Besitz durch Geburt und Erbe. So erwarb er das größte und höchstgelegene Grundstück auf dem Westfriedhof und drehte der Londoner Gesellschaft im Tod eine Nase. Auf dem Ostfriedhof beschließe ich meinen Gang am Grab von Karl Marx. Der fand sich gelegentlich mit Familie und Zeitung zum Sonntagsbraten auf dem Heath ein – keine schlechte Idee.

Postolympische Zeiten

Newham wird Metropolis – aber nicht für alle

Auf diesen Moment hatte die Queen sehr lange warten müssen. Aber manche Dinge sind es wert, dafür sechzig Jahre auf dem Thron zu sitzen und seinem Land zu dienen. Dann kam endlich der Tag, an dem James Bond sie persönlich im Buckingham Palast abholte. Die Königin und der frauenverstehende Agent bestiegen einen Helikopter und schwebten damit in den Abendhimmel von London. Doch der Film endete hier nicht. Denn als das Olympiastadion von Stratford erreicht war, sprangen Elizabeth II. und 007 über der Spielstätte ab, live vor der zugeschalteten Weltbevölkerung. Sie schwebten gemeinsam ins proppenvolle Stadion, und dann eröffnete die Königin die Olympischen Spiele von 2012.

Dreimal hatte London bereits die Olympischen Spiele ausgerichtet, so häufig wie kein anderer Ort. Zweimal war die Stadt kurzfristig eingesprungen, weil sie es konnte, für 2012 bewarben die Londoner sich, weil sie es wollten. 1908 übernahm man die Spiele anstelle von Rom, 1948 von Tokio. Aber 2012 sollte es das minutiös geplante Meisterstück werden, vor allem in zeitgenössischen Disziplinen wie Nachhaltigkeit, Ökologie und Zukunftsvision. Über die Disziplin Patriotismus musste sich sowieso niemand ernsthaft Sorgen machen, obwohl die Hauptstadtpresse sich bis vor den *games* oft als skeptischer Spieleverderber gab.

»Geschenkt«, sagt Harry, Wahllondoner mit Liverpooler Akzent gönnerhaft, zum nörgelnden – aber nicht immer abwegigen – Presseton im Vorfeld der Olympischen Spiele. »Alles ist gut gewesen und wird sogar noch besser werden!« Samstags führt er, fast drei Jahre nach der Abschlussfeier, durch den Queen Elizabeth Olympic Park und stellt stolz die plangemäß auf postolympisches Maß zurechtgestutzten Wettkampfstätten vor. Der Park im Osten Londons ist voller Menschen, strotzt vor Flaneuren, die sich in einem mit Wildblumen gespickten Parcours zwischen Stadion, Schwimmarena, Ballsporthalle und Velodrom verlustieren. Es scheint, als sei der Geist der Olympioniken rasch auf Freizeitsportler, angehende Stars und Familien mit normalem Bewegungsdrang übergesprungen. Die Londoner fahren mit der *tube* oder der London Overground in den neuen Postbezirk Stratford E20 und erobern den Park. Dafür veränderte sogar die Verkehrsbehörde ihre Tarifzonen und verlegte Stratford aus Zone drei in Zone zwei. Die Anreise kommt also weniger teuer, die postolympischen Stätten rücken näher an die Innenstadt heran.

Darauf hätten nur die kühnsten Optimisten gewettet. »Die Spiele kamen in den armen fernen Osten Londons wie die Jungfrau zum Kind«, sagt ein Nachbar des Parks, und Führer Harry nickt grinsend. Der Plan war, den Ost-Stadtteil Newham mit den Distrikten West Ham, Newham und Stratford per gigantischem Ruck ins 21. Jahrhundert zu katapultieren. Denn sehr lange Zeit war West Ham nur als Kloake und Armenhaus Londons bekannt. Die viktorianischen Stadtväter in Westminster hatten im übel riechenden Sommer von 1858 – bekannt als *the great stink* – die Nase buchstäblich voll vom krankmachenden Gestank der Themse und gaben die *embankments* – feste Uferdämme mit Kanalisation – in Auftrag. Die Abwässer der Millionenstadt wurden an mehreren Stellen der Themse kanalisiert und westwärts geschickt. Weil West Ham zur Grafschaft Essex gehörte und damit faktisch außerhalb Londons lag, wurde dort eine Abwasserpumpstation gebaut. West Ham bekam also den Dreck Londons, allerdings überbaut von einer traumschönen Kloakenkathedrale aus byzantinisch-maurischer Architektur.

Heute erkennen die Bewohner der Gegend um den Lea River ihre Arbeiterklassen-Heimat gar nicht mehr wieder. Bezeichnenderweise verläuft über der unterirdischen Abwasserbrühe ein *greenway* genannter Weg, auf dem die Besucher 2012 zu den Spielen strömten und heute Radler und Parkbesucher unterwegs sind. Wo noch vor Kurzem ein Kosmos aus kleinindustriellem Flickenteppich und einer großen Schrebergarten-Kolonie vor sich hin existierte, fielen für einige Jahre zehntausend Malocher ein und zogen die Gegend auf links. Menschen wurden umgesiedelt, Gärten planiert, durch Industrie verseuchte Erde gesäubert und abschließend ein eigenwillig verdrehter Stahlturm des Künstlers Anish Kapoor aufgestellt. Meist pragmatisch wirkende Sportstätten wuchsen in Windeseile. Ein Jahrhundertprojekt wurde in nur rund sechs Jahren gestemmt.

Und es kommt noch pfundiger. »Olympicopolis« wird entstehen, eine olympische Brutstätte für Kultur, Bildung und Design, mitten im Park. Historisches Vorbild dafür ist das Kulturviertel mit den großen Museen in South Kensington, das Königin Victorias deutscher Prinzgemahl Albert nach der Weltausstellung von 1851 aus der Taufe hob. Der große internationale Bahnhof in Stratford ist schon da, das größte *shopping center* des Landes auch. Jobzahlen im fünfstelligen Bereich für den armen Osten inklusive. Was mit der Umgestaltung der Docklands in den achtziger Jahren begann, setzt sich mit einem Ruck fort: *London is moving east.* Jährlich werden eine Million Besucher aus aller Welt erwartet.

Mit dem Andocken des Fernen Ostens an die Innenstadt Londons schwappen aber auch die Probleme der Finanzmetropole nach Newham. Bezahlbarer Wohnraum in Zentrallondon ist für Mittelschichtler zunehmend ein Problem; demnächst wird die Innenstadt nur noch für Reiche eine Heimat bieten. In Newham wird der Wohnraum für den normalen East Ender viel zu teuer. Hinzu kommt, dass die Verantwortlichen des renovierten Stadtbezirks sich nicht mit neuen Billigmietern belasten mögen. »Wer es sich künftig nicht mehr leisten kann, in Newham zu wohnen, der kann eben nicht hier wohnen«, wird der Stadtteil-Bürgermeister von Wohnungssuchenden zitiert. Die festgelegte Verpflichtung für Immobilien-Entwickler, neben teuren Apartments anteilig auch für bezahlbare Mietwohnungen zu sorgen, ersetzt nicht jene Sozialwohnungen, die sich Tausende Newhamer noch leisten können. Ein Schicksal als Mietnomaden in anderen Teilen Englands steht ihnen wohl bevor. Die London so wohlgesonnenen olympischen Götter der Sportstätten und der Ekstase – Herakles und Dionysos – haben wohl jene Londoner übersehen, die vor Kurzem in Newham noch irgendwie unterkamen. Die scheinen nun auch von Hestia, der Göttin des Herdfeuers, verlassen.

»Das ist mehr *gentrification*, als eine Gemeinde ertragen kann«, stöhnen Nachbarn und lokale Künstler, die auf der anderen Seite des kanalisierten Lea River in Hackney Wick wohnen, in Sichtweite des Olympiastadions. Bislang bedeutete Gentrifizierung in London einen langsam fortschreitenden Prozess der Aufwertung eines Stadtviertels, einhergehend mit der Urbanmachung durch Künstler und letztendlich der Verdrängung der dort lebenden Nachbarschaft. Der Begriff wurde ursprünglich in England für das Eindringen der *gentry*, des Kleinadels, in die preiswerten Stadtzentren geprägt und in den sechziger Jahren für die Verdrängung der Arbeiterklasse in Londoner Stadtteilen wie Islington angewandt.

Jetzt ist Hackney Wick an der Reihe. Den besten Überblick über das typische Ostlondon hat man vom Bahndamm der Haltestelle für die *Overground*-Züge. Gleich fällt der Blick hinunter auf ein seltsames Wandgemälde, das die Anfangsbuchstaben für Hackney Wick – H und W – in großen roten Printlettern zeigt. Das übermalt eine riesige Reklame des Spielesponsors Coca Cola, der sich mit dem Wandgemälde an die Kultur der *street art* in Hackney Wick anbiedern wollte. Dies empfanden die lokalen Spraydosen-Künstler als Schande und die Reklame war bald massakriert; übrig blieben nur die beiden Buchstaben in der *Trademark*-Farbe.

Die weithin sichtbare Wand steht stellvertretend für den Konflikt zwischen lokalen Straßenkünstlern und der LLDC, der London Legacy Development Corporation, die nach den Spielen die Aufgabe übernahm, das olympische Erbe zu entwickeln. Diese Abwicklung traf Hackneys künstlerisch ausgebildete Wandmaler ins Mark. Tausende von fantastischen bis grotesken Gemälden auf alten industriellen Mauern entlang des Lea River wurden übertüncht und von extra eingeladenen internationalen Konkurrenten mit ihren weltweit bekannten Symbolen übermalt. »Das ist die sichtbare Schlacht des Regulierten gegen das Künstlerisch-Anarchische«, benennt das Simon, der Touren durch das Kampfgebiet führt. Der lokale Künstler Sweet Toof beklagt die Kaperung von kilometerlangen malerischen Tagebüchern am Lea River durch auswärtige Kunst, skurrilerweise sogar mit Anti-Graffiti-

Schutz versehen. »Jetzt werden sogar unsere Graffiti gentrifiziert«, bringt es Sweet Toof, bekannt für seine bissigen Bilder von Zahnreihen, auf den Punkt. Die Wandkunstbeflissenheit von London Legacy hat Methode: Im Vorfeld der Spiele wurden einige lokale Künstler wie Verbrecher in Vorbeugehaft genommen und mit einem persönlichen olympischen Bann belegt. Jetzt geht die Kulturstrategie weiter, weil man Museumsqualität auf Wänden schaffen will, damit sich ein zweites Camden entwickelt. Die Heimat des multikulturellen Camden Market liegt nur eine gute Bootsstunde entlang der industriellen Kanäle gen Westen, hat aber den Hauch des Subkulturellen längst gegen den wohl unvermeidlichen Kommerzgeruch eingebüßt.

Das verspricht erst mal keine gute Nachbarschaft zwischen alten und neuen Anrainern des Olympiaparks. Der Kontrast zwischen schick und schäbig ist auch zu groß. »In Hackney wurde nach 1820 alles produziert, was schmutzig war«, blickt Führer Simon zurück. Dabei verdankt das Londoner Industrieerbe dem schon ab 1860 bitterarmen Hackney Wick so einiges. Aus Hackney stammt das Wort *petrol*, die erste chemische Reinigung, Matchbox-Autos und sogar das perforierte Toilettenpapier. 2007 war die postindustrielle Lethargie reif für die Ankunft von Künstlern, die woanders durch steigende Mieten vertrieben wurden. Auf knapp zwölftausend Einwohner kamen fünfhundert bis tausend Künstler und ihre Ateliers. Das Kulturfestival »Hackney Wicked« – total abgefah-

renes Hackney – sorgte für spannende Kunstex-
zesse und unbehelligte Partys. Die Vermieter zogen mit und drückten sogar ein Auge zu, wenn
die Ateliers illegalerweise auch bewohnt wurden.
Dann kletterten die Mieten nach oben, die Götter vom Olymp herab und der kleine Vorort fand
sich im schicken, dynamischen London wieder.

Das Panorama von der kleinen Brücke über
den Lea River erzählt die ganze unvermeidli-
che Geschichte in zwei Blicken. Drüben springt
das Hightech-Panorama des Olympiaparks ins
Auge, hüben sind direkt an der Parkgrenze lange
Hausboote von Flussbewohnern am Ufer vertäut.
Auf der anderen Brückenseite hat sich eine Pri-
vatbrauerei etabliert, die auch Steinofen-Pizzen
bäckt. Gäste sitzen schmausend vor der kleinen
Brauerei am Ufer und lassen es sich gut gehen:
Künstler, Touristen und Westlondoner, die sich
hierher verirrt haben. Sie schauen dabei auf Male-
reien an der langen Wand gegenüber. Ständig hu-
schen Radler durchs Bild. Das Szenario erinnert
an eine Grenzöffnung, die Brücke an einen ehemaligen Checkpoint. *East meets West.* Ein Kanal-
boot mit sehr viel Hausrat, Fahrrädern, Blumen-
kästen und biertrinkenden Menschen auf einem
Sofa schiebt sich langsam Richtung Süden, hin
zu neuen Ufern. Für manche ist Hackney Wick
bereits Vergangenheit, während es für andere erst
beginnt. Eine typische Londoner Geschichte, mit
oder ohne Olympische Spiele. Die dienten bloß
dem Zweck, London nach Osten hin zu öffnen.

Scheues Geld

Die City of London und die Architektur der Finanzwelt

»Hier spielt die Musik«, sagt der Anwalt Tim mit ausholender Geste bei einem Glas Bier im Leadenhall Market im Stadtteil City of London, kurz »City« genannt. »Vergiss Westminster«, schiebt Tim nach und bekräftigt, dass er tatsächlich vom Parlament spricht. Unter den überdachten Bögen des schönen alten Marktes, durch den 2012 der olympische Marathon führte, beendet gerade eine dichtgedrängte schwatzende Männerwelt den Arbeitstag mit einem Bier. Die Heerschar der Banker und Versicherer des Londoner Finanzzentrums steckt einheitlich in dunklen Anzügen über hellrosa Hemden und konservativen Krawatten. Einige leger gekleidete Touristen wirken, als seien sie auf der falschen Party.

Tim gehört einer der Anwaltskammern an, die seit Jahrhunderten in der City of London beheimatet sind. Er weiß, wie man auf dem heikelsten Parkett Londons plädieren muss, ohne aufs Glatteis zu geraten. Also flüchtet er sich ins Saloppe, wenn er auf die märchenhafte Machtfülle der hier ansässigen City of London Corporation anspielt. Die fungiert gleichzeitig als Gemeinderegierung und Finanzdienstleister und regiert in einem Areal von gut einer Quadratmeile am nördlichen Themseufer mit der St. Paul's Kathedrale als Mittelpunkt. Im Bankenzentrum spielt also die Musik, und scheinbar tanzt Westminster nach deren Takt. Wie kann das sein? Und wieso spricht kaum jemand darüber?

Dass die kleine City of London ein mächtiger Staat im Staat ist, kann man sich nur schwer vorstellen, denn sichtbare Grenzen gibt es nicht. Deshalb wissen nur einige der Besucher, die von der Tate Modern Gallery über die Millennium-Brücke zur Kathedrale hinüberspazieren, dass sie nicht nur Londons ältesten Stadtteil betreten, sondern auch eine Enklave mit eigener Regierung. Vielleicht fällt einigen noch auf, dass die Uniformen der City-Polizei rot-weiß appliziert sind, anders als das übliche Schwarz-Weiß der Metropolitan Police. Ansonsten fehlen aber jegliche Insignien vom Sonderstatus.

Was also hat es mit der City auf sich? Seltsamerweise scheint das Interesse am obskuren Wirken des Imperiums vom Nordufer der Themse wenig ausgeprägt. Sonst hätten sich wohl mehr Neugierige zum City-of-Money-Walk von Stadtführer Richard Walker eingefunden. Wir sind am Wochenende unterwegs und die wochentags von vierhunderttausend Angestellten frequentierte Square Mile ist wie leergefegt. Nur etwa neuntausend Londoner wohnen auf den drei Quadratkilometern zwischen Tower, Barbican Centre und Temple Church. Ein paar gläserne Wolkenkratzer, jene sichtbaren Merkmale eines respektablen Finanzzentrums, sind erst kürzlich aus dem knappen Angebot an Bodenfläche emporgeschossen. Auf den ersten Blick sieht man der City nicht an, dass sie der Knotenpunkt der ertragsreichsten Geldgeschäfte des Globus ist. Denn hier zirkuliert mehr internationales Geld durch etwa fünfhundert Bankadressen als in der Wall Street. Darunter sollen sich steuerflüchtige Milliarden von Schatzinseln wie Jersey bis Barbados befinden. Unsichtbar, elektronisch und unbehelligt von Fiskus und Staat.

Mit Richard machen wir uns auf die Suche nach Spuren des Geldes. Zunächst möchte der Stadtführer von unserer kleinen Runde wissen, ob jemand die wichtigste Persönlichkeit der City benennen könne. Er erntet Schulterzucken. Dabei trägt dieser *Gentleman* einen einprägsamen Titel: Er ist der *Remembrancer*, der Erinnerer. Bereits 1571 wurde der Posten eingeführt, damit der König ständig an seine Schulden gegenüber den Geldgebern der City erinnert würde. Weshalb der *Remembrancer* inzwischen ein historischer Zopf sein sollte, ebenso seine zeremonielle Perücke. Jedoch sind Erinnerer und Kopfputz quicklebendig. Heute sieht sein Job vor, Parlament und Regierung daran zu erinnern, das nichts gegen die Interessen des Finanzimperiums beschlossen wird. »Er sitzt hinter dem Sprecher des Unterhauses und hat ein Auge auf alle politischen Vorhaben«, erklärt Richard. Und der *Remembrancer* sitzt nicht nur dem Parlamentsvorsitzenden im Nacken, er hat auch seinen festen Sitz im Oberhaus sowie unweit der Königin, wenn diese einmal im Jahr die Regierungserklärung des Premierministers verliest. »Für seine Tätigkeit wird er jährlich mit über fünf Millionen Pfund und sechs Anwälten ausgestattet«, verrät Richard.

Der wenig bekannte Chef-*Lobbyist* der Londoner Finanzwelt wird von der Gemeinderegierung ins Parlament entsandt, ohne dafür ein Mandat vom Volk zu haben. Richard führt uns an den Ort, wo sich der Rat der City, der Court of Common Council, einmal im Monat trifft. Die Guildhall ist ein prächtiges altes Gebäude an einem schönen Platz. Allerdings werde hier nicht wirklich politisch debattiert, wie Richard sagt, schließlich sei die City ja eigentlich eine Art Unternehmen. Auch bei den Wahlen zum Stadtrat bleibt jegliches moderne Verständnis von Demokratie aus der City verbannt. Nur in vier der fünfundzwanzig Wahlbezirke wird von Einwohnern gewählt, die anderen Stimmen sind den Tausenden von Unternehmen zugeteilt, bemessen an der Zahl ihrer Angestellten. So regieren Geldhäuser und Konsorten die City.

Trotz dieser ernüchternden Erkenntnis keimt vor dieser Fassade das Verständnis für die Kontinuität der Macht des Stadtteils auf. Ein im Boden vor der alten Zünftehalle markierter Halbkreis zeigt die ehemalige Lage des römischen Amphitheaters. Der Geschichtsschreiber Tacitus schrieb schon vor fast zweitausend Jahren über die gewitzten Händler und Makler des damaligen Londinium, die Negotiatores. Der römische Finanzverwalter saß bereits in der City. Die schon früh verbrieften exklusiven Rechte der stolzen Händlergemeinde wurden nicht einmal von Wilhelm dem Eroberer angekratzt, als der sich 1066 England untertan machte. »Hier liegt der Beginn des Selbstbewusstseins der Londoner und ihr siebter Sinn für ungestörtes Handeln«, erklärt Richard. Seit fast tausendzweihundert Jahren wird in der City Geld gemacht. Zunächst wurden Münzen geprägt, danach bekam die Bank of England das Privileg, Papiergeld zu drucken. Bevor sich das physisch vorhandene Geld vor Kurzem in digitale Ziffernfolgen verwandelte, finanzierten Könige und Regierungen koloniale Unternehmungen, Kriege und landesweite Vorhaben wie den Eisenbahnbau mit pfundschweren Anleihen bei den Bankern. Als Gegenleistung erwarb sich der kleine Stadtbezirk das Sonderrecht der Nichteinmischung in seine Angelegenheiten. Über die Wahrung dieser Exklusivität wacht der *Remembrancer*. Damit ist er sogar wichtiger als der einmal im Jahr bestimmte *Lord Mayor*, der Gemeinde-Bürgermeister. Dessen Job gleicht dem eines repräsentierenden Außenministers. Bei zahlreichen Reisen erinnert er die Welt daran, dass Steuern ein geschäftliches Übel sind, das möglichst klein gehalten werden sollte.

Proteste gegen die Macht der City im Staat gibt es laut Richard kaum. Auf unserem Rundgang zeigt er uns den Platz vor der St. Paul's Kathedrale, wo die protestierende Occupy-Bewegung campierte, bis sie im Februar 2012 verjagt wurde. Ihre Kritik richtete sich nicht pauschal gegen den

Markt, erklärt Richard. »Die *hedgefonds* sind die eigentlichen Dämonen. Sie wollen die Gesetzmäßigkeiten von Markt und Handel übertrumpfen«, stellt er klar. »Man zockt mit groteskem Risiko und kalkuliert dabei mit dem Schwarmverhalten von Käufern und Anlegern. Wenn diese dann auf irrwitzig verführerische Spekulationen aufspringen, weil sie an den Erfolg glauben wollen, geht das Kalkül auf und die Fonds verdienen.«

Das spekulative Element zog zuerst 1986 unter der Regierung von Margaret Thatcher in die City ein. Übliche Regeln des Finanzgebaren der alten *Banking*-Elite wurden als zu einschränkend und nachteilig für den Standort London empfunden und mit einem als *big bang* bezeichneten Knalleffekt abgeschafft. Die Hinwendung zu einer kaum regulierten Geldwirtschaft machte aus der ehrwürdigen City of London in kurzer Zeit eine attraktive Spekulationsbörse. Investmentbanken zog es von der Wall Street an die Themse. Die Dämonen, wie sich Richard ausdrückt, zogen mit dubiosen Geschäften und schier unermüdlicher Arbeitskraft in London ein. In der Finanzkrise von 2007–2012 sähen manche heute ein Echo auf den Großen Knall der Deregulierung durch die Thatcher-Regierung.

Die Magie der City of London liegt also in den Irrungen und Wirrungen eines seit zweitausend Jahren dem Handel zugeneigten Marktfleckens. Der für viele Londoner magischste Ort ist letztlich jedoch nicht die Bank von England oder die Halle der Zünfte. Auch nicht die Kirche der frühmittelalterlichen Bankiers vom Templer-Orden, die nach dem Erscheinen des Romans »Sakrileg« von Dan Brown wieder Konjunktur haben. Diese Auszeichnung ist der St. Paul's Kathedrale nicht zu nehmen. Nach dem großen Feuer von 1666 hatte sie der emsig sich verewigende Architekt Sir Christopher Wren als Wahrzeichen neu erbaut. Während des Bombardements durch Hitlers Luftwaffe war ihr Erhalt Winston Churchills größte Sorge; die unzerstörte Kuppel sollte die Moral der Bürger aufrechterhalten.

Die Kathedrale hielt stand und mit ihr die Londoner. Dem Denkmal ist es auch zu verdanken, dass sich die aktuelle *skyline* der City bizarr in alle Himmelsrichtungen verbiegt. Seit dem Beginn des Milleniums ist in Londons Innenstadt ein Wolkenkratzer-Boom ausgebrochen, der auch ursächlich mit dem Anstieg der Londoner Aktien im galoppierenden Investment-Kapitalismus zusammenhängt. Mehr Büros werden gebraucht, sichtbare Zeichen des Turbokapitalismus auch. Gebäude mit den Spitznamen »Gherkin«, »Cheese Grater« und »Walkie Talkie« ragen hoch aus der ansonsten braven City-*Skyline* heraus. Jeder dieser Bürotürme wurde für Architekten und Ingenieure zur Herausforderung: Die Sichtachsen auf die geliebte Kathedrale hatten unverstellt zu bleiben. Zudem musste hoch genug gebaut werden, damit schmale Gebäude genug Miete einbringen würden. Weil diese Vorgaben nur schwer umsetzbar sind, fremdeln jetzt besonders zwei der eitlen Architekturträume.

Das »Walkie Talkie« in der Fenchurch Street löst das Platzproblem mit einer nach oben deutlich ausladender werdenden Form. So bieten die teureren Büros weiter oben mehr Platz. Dass die konkav gebogene Glasfassade Sonnenstrahlen bündelt und Autos, Anstriche und Teppiche auf der Straßenseite gegenüber schon zum Schmelzen brachte, hat der Architekt Rafael Viñoly inzwischen als Planungsfehler eingeräumt. Gleichzeitig hat er sich aber auch über zu viel sonniges Wetter in London beklagt.

Über seinen »Cheese Grater«, dessen Fassade sich einseitig himmelwärts verjüngt und so aus der Sichtachse zur Kathedrale windet, hat der heimische Architekt Richard Rogers keinen Grund zur Klage. Das hat aber weniger mit seinem eher nüchternen jüngsten Hochhaus zu tun, sondern mit der Anerkennung, die das benachbarte, ebenfalls von ihm konzipierte Lloyds-Gebäude erfährt. Mit diesem Firmensitz für den Versicherungshändler Lloyds hatte Rogers in den achtziger Jahren einen sehr futuristischen Akzent in die City gesetzt. *Inside-out* nennt der Architekt seinen Baustil, der Aufzüge und andere bauliche Eingeweide auf die Fassade verlegt – Kaffeemaschine witzelt der Volksmund, in Anlehnung daran, dass der Versicherer 1688 als Kaffeehaus begann. Das Lloyds-Haus lehnt sich an die alte Leadenhall-Markthalle, mit deren viktorianischer Glashausoptik es sich erstaunlich gut verträgt. Nur zwanzig Jahre nach ihrer Errichtung 1986 erhielt die Kaffeemaschine die höchste Denkmalschutz-

Klassifizierung. Das, so darf man vermuten, wird den neuen Wolkenkratzern nicht so schnell glücken. Noch wirken sie, als seien sie auf der falschen Party.

»Couch-surfing« in Cricklewood

Kleine Auszeiten vom Stress der Großstadt

Ein Sommermorgen im Nordwesten, Cricklewood Broadway pur, der Verkehrslärm kennt keine Pause. Fünfzig Meter neben der Hauptstraße,
in einer ganz anderen Welt. Früh hat die Sonne
den dunkelroten Ziegelsteinboden erwärmt. Purer Genuss für die nackten Fußsohlen, der Tag beginnt mit wohliger Erdung. Duftaromen von alten
Rosenstöcken erfüllen die Luft im Vorgarten. Ein
üppiger Lavendelbusch neben der Haustür gerät
in Bewegung, obwohl kein Lüftchen geht. Hum-
meln sind's und auch ein paar Bienen, die die Ris-
pen zum Nicken bringen. Auch in den Fuchsien
daneben herrscht reger Flugbetrieb. Ein Summen
und Brummen mischt sich mit dem Schnurren der
Katze zu meinen Füßen. Wie auf sanften Pfoten
kündigt sich ein wohltemperierter Sommertag an.
Nicht zu heiß wird's werden, perfekt.

Prächtige Sommertage gibt es in London oft.
Einmalig ist jedoch die wundersame Oase der
Cricklewood Railway Terraces. Im wenig schicken Londoner Nordwesten schmiegen sich hun-
dertachtzig rotziegelige Häuschen in vier Reihen
dicht aneinander. Vor und hinter den zweistöcki-
gen *cottages* erstreckt sich ein Flickenteppich aus
grünen Gärtchen und Rasen. Nur die individuel-

le Gestaltung ihrer Besitzer lässt die Reihenhäuschen nicht nach gestyltem Filmset aus den spätviktorianischen Zeiten der 1880er Jahre aussehen. Als die Eisenbahn damals hier einen wichtigen Rangierbahnhof baute, errichtete sie gleich auch eine vierzeilige Siedlung für die Bahnarbeiter. In der Midland Terrace residiere ich, wenn die dort wohnenden Freunde verreist sind und sie Heim und Katze wochenlang meiner Obhut überlassen.

Meine Londoner Couch steht also in Cricklewood. Gerade noch innerhalb der Nahverkehrszone zwei der Jubilee Line, zwischen den *Underground*-Stationen Kilburn und Willesden Green. Ein Londoner Hotel habe ich noch nie nutzen müssen. Dafür habe ich andere *couch surfer* getroffen, die sich in irgendeinem unbesungenen Vorort eingerichtet haben, weil sie genauso wie ich gern in einem lokalen Pub trinken und beim örtlichen Gemüsehändler, Halal-Schlachter und *Bagel*-Bäcker einkaufen gehen, oder mit dem Nachbarn übern Zaun hinweg deutsch-britische Freundschaft säen.

An einem Morgen wie diesem rücken Tower und Trafalgar Square weit weg. Die Innenstadt – keine zehn Kilometer entfernt – ist nicht mehr auf meinem Radar. Vom Weltstadtbesucher werde ich zum Homesitter. Meinen Aktionsradius passe ich dem der Katze an. Sie heißt Lily und mag es, mir eine Weile auf Schritt und Tritt zu folgen. Lily ist eine abessinische Schönheit, apricotfarben, anhänglich und sehr kommunikativ. Zur gleichen Zeit, als die Cricklewood Terraces gebaut wurden, wird diese anmutige Katzenart zum ersten Mal in London erwähnt. Ein einschlägiges Buch beschreibt, dass eine Katze namens Zula von Angehörigen der britischen Kolonialarmee aus Abessinien mitgebracht wurde. Vielleicht entstand so der Name, denn ursprünglich stammen Lilys Vorfahren aus Südostasien.

Mit Lily spreche ich englisch. Was vielleicht damit zu tun hat, dass ich ständig Radio höre. Es gibt wohl kaum einen spannenderen Hörfunk als den legendären britischen. An den überall im Haus verteilten Transistorradios sind verschiedene *BBC*-Programme voreingestellt. *BBC 2* steht für beste Pop- und Rockmusik, Zelebrierung und Hommage an die Tatsache, dass gute Songs nur auf Englisch funktionieren, weil man im Englischen nicht ständig über Konsonanten stolpert. *BBC 3* ist toll für Updates aus Wissenschaft und Kunst sowie für aus purer Debattierlust geführte Diskussionen. Engländer lieben das Raufen auch im Rhetorischen, ein witziger Wettstreit befriedigt tiefstes englisches Bedürfnis. *BBC 4* hat mit der Woman's Hour das weltweit älteste intellektuelle Programm für Frauen, ein hartnäckiger und bisweilen auch poetisch zugespitzter Quotenstachel im Fleisch der britischen Machogesellschaft.

Zum Frühstück gibt es aber nur ein relevantes Programm, und das ist *LBC* – London's Biggest Conversation –, ein fulminantes, maskulines *Talkback*-Radio über alle denkbaren aktuellen Themen-Aufreger. Etwa über das mit Teppich ausgelegte britische Badezimmer oder das drohende *fracking* in der Provinz. Am Samstagmorgen ist Ken Livingstone auf Sendung, der allererste Oberbürgermeister von London, linker Labour-Vorgänger des konservativen Eton-Schülers Boris Johnson. Ken wohnt übrigens gleich um die Ecke in Cricklewood und ist stadtbekannt für die Molche in seinem Gartenteich. Der rote Ken und der joviale Boris sind voneinander so weit entfernt, wie es die britische Klassengesellschaft einrichtet. Da ich nun bei Ken um die Ecke wohne und meine Londoner Heimat ein kurioses irisch-osteuropäisch-pakistanisch gefärbtes Stadtviertel ist, wird mich sicher keine neue Bekanntschaft in seinen *Gentlemen's Club* einladen. Cricklewood ist eben nicht das feine Kensington.

Dabei hat Cricklewood ein famoses Empfehlungsschreiben. Es stammt vom Literaturnobelpreisträger T. S. Eliot und hängt gerahmt im Bad meines *cottage*. Der spätere Wahllondoner besuchte Cricklewood im April 1926 und schrieb darüber an seine Kusine Eleanor Hinkley: »… Ich unternahm eine Pilgerreise nach Cricklewood. ›Wo ist Cricklewood?‹, wollte ein nüchterner Engländer im Hotel wissen. Auf einer Karte zeigte ich ihm, dass Cricklewood existiert … ›Was um alles in der Welt bringt jemand dorthin?‹ Ich triumphierte: ›Dafür gibt es keinen Grund.‹ Er wusste nichts mehr zu entgegnen. Aber er war erleichtert herauszufinden, dass ich Amerikaner sei. Er fühlte sich nicht mehr verantwortlich. Aber Cricklewood gehörte mir. Ich hatte es entdeckt. Niemand wird jemals wieder dorthin reisen …«

Etwa neunzig Jahre nach Eliot steht ein Elvis-Presley-Darsteller am Broadway, jener geschäftigen, in die Innenstadt führenden Hauptstraße. Vor einer tempelartig verkitschten Spielhölle, der größten Bingohalle Londons, animiert er singend die Passanten. Sein Hüftschwung ist ansteckend und bald rockt seine Straßenseite spontan mit, Alt und Jung, Schwarz und Weiß, sogar die Autofahrer grölen en passant und lassen den Verkehr immer wieder kurz zum Erliegen kommen. Dreihundert Meter weiter den Broadway entlang bezieht eine libanesisch-türkische Hochzeitsgesellschaft vor dem ehrwürdigen Crown Pub Aufstellung für den bestellten Fotografen. Der mehrstöckige rote Sandsteinbau sieht aus wie eine Kreuzung aus einer Kirche, einer zum Schloss umgebauten schottischen Burg und holländischer Renaissance mit Treppengiebel-Dach. Purist darf man in Cricklewood wirklich nicht sein. Viele Völker kamen hierher, um hart zu arbeiten, zuerst die viktorianischen Bahnarbeiter, 1940 die bitterarmen, illusionslosen, in Pubs wie dem Crown raufenden Iren, später die Migranten aus dem Commonwealth, dann die EU-Polen und die Türken, aktuell die Rumänen. Es gibt ein levantinisches Kuchen-Café, ein nepalesisches Restaurant, einen jüdischen Bäcker. Der Cricklewood Broadway ist vielsprachiger, als es das mythische Babylon gewesen sein kann.

Nur fünfzig Meter neben diesem kunterbunten Welt-Boulevard haben die parallel verlaufenden Railway Terraces mit all ihren Gärtchen den

Lärm verschluckt. Im Spätsommer kullert Fallobst durch die schmalen Sträßchen. Auch der Herbst ist schön in Cricklewood, und überall wird noch gegrillt. Es wird dunkel und Lily erhebt sich von der Couch, um mit den anderen Katzen herumzustreunen. Im Juni 2001 fing ein Veterinär eine ganz andere Katze, die man seit zehn Jahren immer mal wieder gesehen hatte. Das »Beast of Cricklewood« entpuppte sich als ein Luchs, der wohl jemandem ausgebüxt war. Als man das scheue Tier endlich gefangen hatte, wanderte es in den Zoo und erhielt den Namen Lara.

Meister Reinecke ist weitaus weniger schüchtern als Lara. Füchse sind in London nichts Besonderes, aber der von Cricklewood hat so seine Eigenarten. Als ich mich mit Grillgästen ins *cottage* zurückgezogen hatte, schlich sich der verspielte Reinecke auf leisen Sohlen hinterdrein und plünderte das Schuhregal im Vorraum. Meine Gäste mussten barfuß den Heimweg antreten. Wundersamerweise lagen morgens fast alle Schuhe wieder auf der Terrasse. Als eine Nachbarin noch einen Schuh hinzufügte und mich verwirrt vor dem Häuflein stehen sah, meinte sie lächelnd: »In den Railway Terraces geht nichts verloren, *my dear*.«

Kleider machen Leute

Warum London in einen Kaufrausch versetzt

»Ein Tag, an dem du dich nicht fantasievoll rausputzt, ist ein verlorener Tag«, hat Vivienne Westwood verkündet. Sie muss es wissen. Die Lehrerin und autodidaktische Schneiderin aus der Arbeiterklasse ist längst zur schrillen Mode-Göttin Londons geworden. Und das in einem von protestantischer Etikette geprägten Umfeld, das nüchtern-klassische Zuschnitte der hedonistischen Haute Couture des katholischen Frankreichs vorzog. Als die Westwood dann in den siebziger Jahren in der Londoner Szene auftauchte und jenen Faden weiterspann, den Mary Quant und Barbara Hulanicki zehn Jahre zuvor in die Mode eingeführt hatten, kam irgendwie alles zusammen. Neue Arbeiterklassenmode, Miniröcke aus Vinyl oder PVC, hautenger Männerchic, dazu Popmusik von vier Pilzköpfen im *dandy look* der Carnaby Street: Das Gesamtkunstwerk der Sixties aus Mode und Musik war ein englischer Exportschlager.

Urplötzlich war der Londoner Chic weltweit in. In England grenzte Kleidung nicht mehr Klassen gegeneinander ab, sondern Generationen. Swinging London war jung und verwegen. Westwood fügte das frivole Element hinzu. Ihre Boutique in Chelseas King's Road hieß Sex, die von ihrem ziemlich skurrilen Mann Malcolm McLaren gemanagte Band Sex Pistols trat in von ihr entworfenen Klamotten auf. Latex, Strick und Schottenkaros wurden schamlos kombiniert. Einer so hartnäckig erfolgreichen Anti-Anstandsdame der Gesellschaft muss man vertrauen, wenn es darum geht, in welchem Aufzug man vor die Tür geht.

Warum sich vor der Reise über die richtige Garderobe Gedanken machen, wenn *shopping* in London so ein Genuss ist? Manche Londonfans fahren sogar mit leerem Koffer hin, damit möglichst viel Platz für Einkäufe bleibt. Aber was soll man erstehen? Schnell wird klar, dass im Großstadtdschungel alles tragbar ist. Ein paar Fahrten mit der U-Bahn zur *rush hour* reichen aus, um sich einen Überblick zu verschaffen. Zwischen übergroße Einkaufstüten von internationalen Modeketten schiebt sich ein klassischer Herrenschuh im Oxford-Design, den etwa George Clooney bei seiner Hochzeit in Venedig trug. Knapp daneben steckt jemand im Schottenkaro-Beinkleid und in Punker-Stiefeln. Die beiden so unterschiedlich angezogenen Träger würdigen sich keines Blickes, stehen aber brav nebeneinander.

Ausstieg Oxford Circus. Oben kreuzen sich Oxford und Regent Street, zwei Einkaufsmeilen von Weltruf. Geschäfte locken im Überfluss. Carnaby Street und Piccadilly Circus liegen in Reichweite. Allerdings swingt London hier weniger, als das es schiebt und drängelt, weil man zur Befriedigung eines Grundbedürfnisses seine Pfunde an irgendeiner Kasse abgeben möchte.

Die Fieberkurve des Kaufrausches zeigt höchsten Ausschlag. Feinen *Shopping*-Spürnasen steigt jedoch auf den zweieinhalb Schaufensterkilometern der Oxford Street ein neureicher Geruch von T-Shirt-Schwemmen und Sportschuhen in die Nase.

Wer seine Nase mehr in Richtung der weltweit bewunderten englischen Schneiderkunst wenden möchte, geht zweimal um die Ecke und steht in der Savile Row. So heißt die Adresse für jene Kunden, die coolerweise nicht auf Markenartikel stehen und sich deshalb hier auf den Leib schneidern lassen. Die Savile Row riecht nach Handwerk aus Flanell und Harris Tweed. Regelmäßig fahren Schneider auf die Äußeren Hebrideninseln Lewis und Harris, um dort ausgesuchte Wollbahnen von den Webstühlen der hebridischen Heimweber zu kaufen. Der inzwischen nicht mehr nur in Naturfarben hergestellte Harristweed wird in London zu Sakkos verarbeitet, die so dauerhafte Qualität bieten, dass sie manchmal innerhalb einer Oberschichtfamilie vererbt werden. Natürlich war die honorige Schneidergilde nicht amüsiert, als 2008 am Südende ihrer Straße ein angesagter amerikanischer Einzelhändler für die T-Shirt-Generation eröffnete.

Rettung vor anrüchiger Beliebigkeit ist aber auch in der Oxford Street nicht fern und wartet in ihrem westlichen Teil, wo der Estate des steinreichen Duke of Westminster die Mieten kassiert. Mittendrin ist Selfridges ein alteingesessener Tempel von einem Kaufhaus, ehrwürdig aber nicht zu edel, mit verführerischen Etagen, Topmarken-Nischen und kundigem Personal. 1909 eröffnete Harry Gordon Selfridge sein Haus und machte mit seinem Slogan den Kunden zum König: »*The customer is always right*«. Es gab sogar einen Ruheraum in seinem Kaufhaus »für jedermann«. Der einstige Luxus einer grünen Dachterrasse zum Flanieren wurde inzwischen wieder eingeführt, heute allerdings mit einem etwas kitschigen kleinen See und winzigen Bötchen. Das wirkt etwas billig gegenüber früheren Publikumsattraktionen. Zu seiner Eröffnung hatte Selfridge das Flugzeug des ersten Kanalüberfliegers Louis Blériot ausgestellt. Im Jahr 1925 durfte der schottische Fernsehpionier John Logie Baird wochenlang seine Versuche von kabellos übertragenen, bewegten Bildern zeigen, während die Presse das Fernsehen noch als Verrücktheit abtat. Selfridge hat hinlänglich bewiesen, dass normale Londoner sich schon seit über einem Jahrhundert lustvoll einem ganzheitlichen Einkaufserlebnis hingeben können.

Der Besuch bei Selfridges macht Lust auf mehr. Ein halbstündiger Spaziergang durch den Hyde Park nach Knightsbridge verschafft die nötige Entspannung, um sich gleich zwei noch älteren und weitaus edleren Kaufhäusern zu widmen. Zunächst wartet Harvey Nichols am nördlichen Ende der mit teuren Markengeschäften bestückten Sloane Street, die ins Herz von Chelsea und zur legendären Modestraße King's Road führt. Harvey Nichols verkauft feines Tuch, seit Benjamin Harvey 1831 hier einen Wäscheladen eröffnete. Das vornehmste Bekleidungskaufhaus in London hat heute die vielstelligsten Preise, allerdings locken hier auch die meisten Schnäppchen von Top-Designern, weshalb sich der verschämte Blick auf die Preisschilder endlich mal lohnt.

Raus aus Harvey Nichols, hin zu Harrods, das dauert nur fünf Minuten. Damit ist der *Shopping*-Gipfel von Opulenz und Dekadenz erklommen. Harrods war früher einmal das Oberschicht-Kaufhaus schlechthin. Recht steif soll es gewesen sein, schon der Zungenschlag aus der falschen Klasse konnte einem den Eintritt verwehren. Dann kaufte sich der Ägypter Mohamed Al-Fayed den Tempel des britischen Geschmacks und polte ihn um, von reich-versnobt auf reich-vulgär. Beides ist schön kitschig und durchaus vergnüglich anzusehen. Jetzt gehört Harrods quasi den katarischen *Royals* und der Strom der kauflustigen Neureichen aus aller Welt ist noch profitabler geworden. Harrods wirkt wie ein überkandidelter Basar mit einer fantastischen *food hall* im Jugendstil als seinem Kernstück. In den zahlreichen Boutiquen tätigen Superreiche jeglicher Herkunft die eigenartigsten Käufe und man selbst kann sich dem Vergnügen hingeben, ihnen dabei über die Schulter zu sehen. Wobei es passieren kann, dass ein Schnöselchen mit dem ferngesteuerten Nachbau eines Militärhelikopters Jagd auf einen macht.

Wenn die Welt der Modezaren und *Shopping*-Scheichs abgehakt ist, lockt der Gegenentwurf der burlesken Fetisch-Szene in Camden. Der nördliche Stadtteil am Regent-Kanal rollt vor allem am Wochenende den roten Teppich für Fans von Cyber-Clubwear, Groteskem und Punkigem aus. Ein postindustrielles Vakuum zwischen mehreren Kanalschleusen ist proppenvoll mit einem wilden Stilmix aus Gothic, Ethnic, Rockabilly, Japanisch-Lolita, Retro-Burlesque und Barbie. Wo Harrods wie eine konservative Fata Morgana oder Ali Babas begehbarer Kleiderschrank wirkt, ist der Camden Market ein Versuchslabor des schrillen Effekts. Glamrock trifft auf Cartoon, Hippie auf reflektierende Nadelstreifen. Niemand geht hier leer aus und jeder Rückreisekoffer füllt sich auf lustvolle Weise.

Platz für ein gutes Buch bleibt aber immer. London ist fraglos der Commonwealth der Reiseliteratur, jede noch so abgelegene Region der Erde bekommt hier ihren Platz im Regal. Damit sind nicht unbedingt Reiseführer gemeint, sondern das literarische Erbe britischer Eroberungsgeschichte. Die Wanderlust hat zwei herausragende Filialen. Im Stanfords-Laden im Westend ist der Boden mit Weltkarten gepflastert, die Wände sind mit Nachschlagewerken von Abchasien bis Zypern bestellt.

Der wunderbarste Buchladen ist jedoch Daunt Books mit dem gediegenen Hauptgeschäft in der Marylebone High Street. Hier öffnet jedes Buch in der eichenen Regalwelt ein Türchen in die reale Welt. Seit der legendäre Londoner Autor Bruce Chatwin die Welt wie ein besessener Nomade durchstreifte und Patrick Leigh Fermor die Welt zu Fuß eroberte, ist das Genre des *travel writing* eine Domäne englischsprachiger Schriftstellerei, deren Bedeutung sich nur unzureichend mit dem Begriff der Reisebeschreibung ins Deutsche übersetzen lässt. Mit Reiseliteratur von Daunt Books lässt sich daheim vielleicht weniger Staat machen als mit einem Kleidungsstück von Harvey Nichols oder aus Camden, aber einige unbesuchte Ecken des Globus kommen so sicher für die Zukunft in Mode.

Auf der Spur der Samenpiraten

In den botanischen Gärten von Kew und Chelsea

Die spannendste Pilgerreise in London ist die
Flussfahrt von Westminster zu den Royal Botanic Gardens in Kew. Gemächlich gleitet man
flussauf vom Stadtzentrum ins Ländliche. Zwei
Londoner Ikonen markieren Start und Ziel des
anderthalbstündigen Trips: Die jüngere ist der
ab 1843 gebaute Elizabeth Tower, besser bekannt
als Big Ben, die ältere ein Baum im viktorianischen Palmenhaus von Kew. Der Brotpalmfarn
Encephalartos altensteinii wurde hier 1777 ein-
getopft und gedeiht heute prachtvoll als älteste
Topfpflanze der Erde. Als der Botaniker Francis
Masson seinerzeit die Themse von Westminster
nach Kew befuhr, befanden sich dieser Palmfarn und etliche hundert Schösslinge in seinem
Schlepptau. Masson hatte das Pflänzchen am
Ostkap Südafrikas ausgegraben, um es mit anderen botanischen Beutestücken dem Hüter von
Kew, Sir Joseph Banks, mitzubringen.

Der Brotpalmfarn teilte das Schicksal von vielen Tausenden bis dato unbekannten Gewächsen
aller Kontinente, die Pflanzenjäger wie Masson
auf ihren abenteuerlichen Raubzügen durch
fremde Gefilde bis in den Hafen von London
entführten. Dort angelangt, verwandelten sie die

botanisch kargste Gegend Westeuropas in eine Insel voller exotischer, farbenfroher und paradieshafter Gärten. Eitelkeit, gepaart mit Abenteuerlust und naturwissenschaftlicher Neugier waren Triebfedern für den Samenkolonialismus. »Kanonenboot-Botanik, Öko-Piraterie und die einzigartige britische Fähigkeit, eine steife Oberlippe mit schmutzigster Trickserei zu verbinden, brachte eine Nation von Gärtnern hervor«, charakterisiert Christopher Woodward, Direktor des Londoner Gartenmuseums, die britische Chuzpe. Imperialistische Politik und Handelsinteressen kamen hinzu, etwa als ein Brite 1853 den Riesenmammutbaum aus der Sierra Nevada entführte und ihn nach dem Duke of Wellington als Wellingtonia gigantea klassifizierte. Nicht etwa Washingtonia, wie die Amerikaner schäumten. Mit der Namensgebung nach der bis heute maßgeblichen Systematik, die der Schwede Carl von Linné im 18. Jahrhundert einführte, konnte man sich selbst ehren oder jemand anders verewigen. Letzteres im guten wie im boshaften Sinn, denn wenn man eine wenig ansehnliche oder übel riechende Art einer Pflanzengattung mit dem Namen eines ungeliebten Konkurrenten versah, war und blieb die Person auf ewig mit dem Kraut verbunden.

Wer sich heute in den Gärten von Kew verlustiert, findet es wohl kaum verwunderlich, einen ganzen Tag lang durch breite Alleen mit urweltlichen Baumriesen, blühenden Hainen aus dem Himalaya und farbig funkelnden Felsengärten zu streifen. Oder sich unter tropischer Vegetation in riesigen Palmenhäusern zu ducken. Zu sehr haben sich Bambus und Banane, Strelizie und Protea, Lupine und Scheinmohn, Rhododendron und Magnolie bei uns akklimatisiert, als dass wir uns Zeiten vorstellen könnten, in denen sie in Europa nicht vorkamen.

Manche Bäume gedeihen auch schon eine kleine Ewigkeit in Kew, wie der wunderbare ostchinesische Gingko nahe dem östlichen Eingang, dem Elizabeth Gate. Er ist auf 1762 datiert und stammt noch aus dem Fundus der Prinzessin Augusta von Sachsen-Gotha-Altenburg, die den ersten exotischen Garten Kews zu einem Lustgarten mit botanischem Zweck ausweitete. Nur wenig nördlich davon beweist ein gut drei Meter hoher Neuling die Kontinuität des Parks als Hort seltener Pflanzen. Die Wollemi-Kiefer galt als ausgestorben, bis 1994 einige versteckte Exemplare im australischen Wollemi-Nationalpark entdeckt wurden. Über den Botanischen Garten von Sydney kamen einige Samen als Geschenk nach Kew, wo Sir Richard Attenborough 2005 den ersten Setzling außerhalb seiner Heimat pflanzte.

Kews prägendste frühe Figur war der illustre Naturforscher Joseph Banks, der 1773 von König George III. zum Leiter des Parks ernannt wurde. Da hatte der Dreißigjährige seinen Horizont schon enorm erweitert. 1771 war der schwerreiche Banks von der ersten Weltreise James Cooks mit der Endeavour heimgekehrt. Banks hatte sich als privater Finanzier mit einer kleinen Gefolgschaft bei Cook eingekauft; sein Sponsoring belief sich auf zehntausend Pfund – nach heutiger Kaufkraft angeblich etwa eine Million Pfund –, was übrigens das Doppelte des königlichen Beitrags bedeutete. Der etwas hölzerne Cook war ein niedrigrangiger und unterklassiger Offizier, der das Kommando wegen seiner überragenden nautischen Fähigkeiten erhielt. Banks war als Lebemann mit völkerverbindendem Charme eine kongeniale Ergänzung zu Cook. Zusammen machten sie die tausendzweiundfünfzig Tage lange Reise auf einem umgerüsteten Kohlefrachter zu einem vollen Erfolg. Von Südamerika, Tahiti, Neuseeland, Australien und Java brachte die »Endeavour« dreitausendsechshundert getrocknete Exemplare von Gewächsen mit, von denen tausendvierhundert botanische Neuigkeiten waren. Als Cook unterwegs Banks mit einem Arm voll Gestrüpp an Bord kommen sah, soll er die Pflanzen spontan Banksien genannt haben – so heißt die Gattung aus der Familie der australischen Silberbaumgewächse mit fast neunzig Arten heute noch.

Auf Cooks zweite Weltreise musste Banks verzichten, vor allem weil sein Begehr, siebzehn Mann Gefolge inklusive zweier Hornspieler mitzunehmen, die Kapazität des Schiffs »Resolution« gesprengt hätte. Der Privatgelehrte Banks streckte nun seine Fühler von Kew in die Welt durch bestallte Pflanzenjäger aus. Der bereits erwähnte Francis Masson war sein erster Samenpirat. Ein anderer Jäger war Kapitän William Bligh, dem er zwei Kew-Gärtner anvertraute. David Nelson und William Brown sollten 1787 Brotfruchtpflanzen von Tahiti in die Karibik bringen, damit sie Nahrung für die dort schuftenden Sklaven Britanniens abwürfen. Die Reise der »Bounty« und ihrer Fracht beendete allerdings die berühmte Meuterei. Nelson und Brown starben, während Bligh und andere durch nautisches Geschick in einem kleinen Boot überlebten. Bligh brachte von einer späteren Reise dreihundertneunundvierzig Arten mit, darunter Kaffee- und Bananenpflanzen aus Jamaika. Francis Masson führte die Strelizienart der Paradiesvogelblume in Kew ein, Allan Cunningham verschiedene Eukalyptusarten, William Kerr den Ranunkelstrauch Kerria japonica.

Schon seit dem 16. Jahrhundert war für britische Pflanzenjäger kein Winkel der Erde zu weit, um nicht von dort eine Pflanze oder ihren Samen zu entführen. Heimlich, denn die Konkurrenz schlief nicht. Konkurrenten waren nicht die bereisten Gegenden, sondern benachbarter Landadel in Sussex oder Kent, alle darauf aus, in ihren Gärten exotische Arten in fantasievollen Zusammenhängen erblühen zu lassen. Zur Pflanzenschau lud man die Nachbarn ein – ein viktorianischer Sommer war eigentlich eine einzige Gartenparty –, und hatte vielleicht sogar neue pflanzliche Beute vorzuweisen. Wie sehr die viktorianischen Gärtner die Veredelung, das Aufpfropfen von Gewächsen liebten, zeigen manche Bäume im Park von Kew heute noch durch verwachsene Einkerbungen im unteren Stammbereich. Samenjäger konnten um 1910 für eine

Neuheit einen Betrag erzielen, der nach heutigem Kaufwert mindestens eine fünfstellige Summe in Pfund bedeutet. Die ergiebigsten Reisen waren die von einem reichen Gartenbesitzer finanzierten Trips. Der Sponsor mit dem grünen Daumen blieb daheim und erwartete ungeduldig die Heimkehr seines robusten Abenteurer-Partners, der sich in der Fremde durchschlug und mit einheimischen Untergebenen Wälder und Berghänge nach raschelnden Samenhülsen abklopfte. Solche Reisen konnten ausufern, denn wenn die aufgestöberte Pflanze noch blühte, musste man sie später wiederfinden, wenn sich Samen ausgebildet hatte.

Ortswechsel zum Chelsea Physic Garden. Westlich vom Stadtzentrum schmiegt sich ein charmantes Dorfszenario ans Südufer der Themse. Der Stallgeruch von spießig-englischem Establishment durchzieht die Sträßchen zum Fluss hinunter. In Chelsea gehören Grund und Boden immer noch altem Geldadel. Das jedoch muss nicht schlecht sein, denn ohne die vor fast dreihundert Jahren beurkundete, gültige Verfügung des Gutsherrn von Chelsea, Sir Hans Sloane, gäbe es hier nicht diesen verwunschen wirkenden botanischen Garten, geheimnisvoll eingefriedet von einer hohen Mauer. Damals war Chelsea tatsächlich noch ein Dorf, in dem 1673 die Gilde der Apotheker einen Garten anlegte, hundertdreißig Jahre nach dem ersten seiner Art im italienischen Pisa. Die Zunft baute medizinische Pflanzen an und bildete Lehrlinge in der Materia medica, der Arzneimittellehre, aus. Hans Sloane war selbst ein berühmter Mediziner und Botaniker, der seinem Bekannten Isaac Newton als Präsident der wissenschaftlichen Royal Society nachfolgte. Die sloansche Erbpacht von fünf Pfund pro Jahr für den Garten sowie die visionäre Verfügung, dass der Garten bei Aufgabe nicht veräußert werden dürfe, sondern wissenschaftlichen Gesellschaften angeboten werden müsse, rettete dem Chelsea Physic Garden bis heute mehrmals die Existenz. Dazu kommt eine unschlagbare Pacht in bester Baugrundlage – in der Nachbarschaft wohnen die Stararchitekten Richard Rogers und Norman Foster.

Der Name Physic Garden erinnert an Zeiten, als Medizin und Botanik noch keine getrennten Disziplinen waren. Etwa mit dem Beginn des 20. Jahrhunderts liefen dann medizinische Chemiker dann dem Pflanzen-Apotheker den Rang ab. Dass der Garten im 18. Jahrhundert Europas berühmteste heilpflanzliche Institution war, lag auch am ständigen Zufluss neuer Pflanzen durch Samenjäger. Und am idealen Mikroklima am Fluss hinter der Mauer. »London ist subtropisch«, versichert ein Gartenführer, und tatsächlich fühlt es sich so an. Die mit Heilpflanzen besetzten Beete florieren prächtig. Genauso wie der Strom der einfachen Besucher, die seit den achtziger Jahren zu den visitierenden Profis aus der medizinischen Pflanzenforschung hinzugekommen sind. Viel mehr als im grandiosen Landschaftspark Kew verlassen sich die Besucher in Chelseas Intimität auf eine Führung, denn die Neugier auf heilpflanzliche Erkenntnisse steht hier im Vordergrund. So fördert der Physic Garden heute neben dem Spezialisten auch das öffentliche Wissen über die Wichtigkeit von Medizin aus der Natur. Hinzugekommen sind Kenntnis von und Sorge um den weltweiten Verlust einzigartiger Pflanzen und deren heilendem Potenzial. Dem geheimnisvollen Garten hinter der Mauer ist damit wieder eine neue Aufgabe zugewachsen, die das von seinem weisen Schutzherrn Hans Sloane zugestandene Dauerwohnrecht erneut mit Leben füllt.

Globales Denken und weltweite Artenausrottung machen mittlerweile aus dem Typus des abenteuerlichen Ökopiraten, der für bunte Vielfalt im Gartenbau sorgte, einen Naturschützer. Seit in Rio 1992 die Biodiversitäts-Konvention Pflanzenpiraterie ungesetzlich machte, muss sich das Sammeln auf fremder Erde den Gepflogenheiten von Fair Trade unterwerfen. Fair zu sammeln bedeutet, dass die Ursprungsländer im Tausch etwas zurückerhalten, nämlich das *know-how* der wissenschaftlichen Sammler sowie einen internationalen Austausch mit Samenbanken wie der des Royal Botanic Garden von Kew. Dessen Millennium Seed Bank hat aktuell das Ziel, bis 2020 mindestens ein Viertel aller bekannten Arten in ihren Herbarien und Samenspeichern zu hüten. Kew ist das Herzstück einer Versicherung gegen das Artensterben, aber ohne daraus ein Bankgeheimnis zu machen. Man arbeitet immer mehr mit einem Netzwerk regionaler Samenbanken zusammen, etwa in Kenia oder Australien. Pflanzensammeln wird nun als gemeinsame Aufgabe verstanden.

Vom Aussterben bedroht sind eitle Gartenbesitzer deshalb längst nicht. Zykadeen, die wohl ältesten Samenpflanzen der Erde, stehen ganz oben auf ihrer heimlichen Wunschliste, werden in Natur, Parks und privaten Gärten geklaut, auch der rare und geschützte Brotpalmfarn. Wie die deutsche Autorin Juliette Irmer für die Zeitschrift *Spektrum der Wissenschaft* recherchierte, bezahlen Liebhaber urzeitlicher südafrikanischer Zykadeen-Arten zehntausend Euro für ein Exemplar. »Das Ausmaß der Zykadeen-Wilderei ist erschreckend. Schlimmer noch als die Wilderei von Nashörnern«, beklagte sich der Botaniker Philip Rousseau von der Universität von Pretoria. Die Vernetzung von Pflanzenpiraten und -liebhabern ist so effektiv, dass es kürzlich nach der Entdeckung einer neuen Encephalartos-Art zu einem Raubzug kam, der den Palmfarn fast zeitgleich auf die Liste der vom Aussterben bedrohten Arten brachte.

Zurück ins Palmenhaus von Kew Gardens. Hier steht also ein bedrohter Dinosaurier der Pflanzenwelt, viereinviertel Meter hoch, einsam. Palmfarne sind zweigeschlechtlich, brauchen die Nähe eines von Insekten bestäubten Partners. Der Encephalartos altensteinii von Kew hat zuletzt 1819 einen Zapfen ausgebildet. Das war das Jahr, in dem Joseph Banks, der Doyen der Pflanzensammler und -bewahrer, Kew und den alten Brotpalmfarn das letzte Mal besuchte.

Docklands reloaded

Der Londoner Hafen hat sich neu erfunden

Der Moment, in dem man von der Rolltreppe der U-Bahn-Station Canary Wharf sanft an die Oberfläche geschoben und auf dieser erstaunlichen Plaza abgesetzt wird, trifft einen unvorbereitet. Eine halbe Stunde zuvor war man tief in Londons Westen in den Untergrundverkehr der Jubilee Line gestiegen. Die Bilder der letzten Station bleiben wie ein angehaltener Film auf der Netzhaut gespeichert, etwa der Anblick von einem backsteinroten Landbahnhof wie West Hampstead, vom Fünf-Sterne-Ambiente um die Station Green Park oder von der neogotischen Fassadenarie Westminsters. Und plötzlich ist da diese makellosmoderne, riesige Station, von Norman Foster in einem trockengelegten Hafenbecken installiert, für fünfzigtausend Pendler täglich. Es wirkt wie ein Kulturschock, wie ein anderer Planet. Dimension und Design setzen sich vor der Station noch beeindruckender fort. Etwas fassungslos, vielleicht auch begeistert, steht man in einer Bauausstellung kolossaler Rechtecke, wie sie postmoderne Architekten und Stadtväter gern auftürmen, wenn ihnen keine Anwohner dreinreden können. Die rüttelnde Schussfahrt mit der Jubilee Line gen Osten war also wie ein *fast forward*, ein Vorspulen in der Zeit. Als wären zwischen dem Ein- und dem Ausstieg in die Bahn mal eben zwei Jahrhunderte verflogen.

Früher, als im Londoner Hafen noch handfest Waren umgeschlagen wurden, durfte die Kleidung der Dockarbeiter keine Taschen haben. Die Malocher standen offenbar unter dem Generalverdacht des Stibitzens, was allerdings auch kaum verwundert, wenn man sich vor Augen und Nase führt, was durch ihre Hände ging. All die exotischen Gerüche und Geschmäcke von Kolonialwaren, die zwischen Tower Bridge und der Isle of Dogs an Land geschafft wurden, müssen die *docker* schier um den Verstand und einige sicher auch um den Anstand gebracht haben.

Die Versuchungen des Finanzumschlagplatzes, als der sich die Isle of Dogs mit der Wolkenkratzer-*Skyline* von Canary Wharf heute präsentiert, haben sich gewandelt. Geld wird hier vermehrt und verzockt, was zwar auch anrüchig sein kann und Taschen füllt, dies aber unsichtbar, virtuell. Lange Finger und ausgezehrte Lastenträger sind Vergangenheit, Gewerkschaften und verzweifelte Dockarbeiterstreiks sowieso. Lagerhäuser mit der Patina von Männerschweiß und Muskatnuss sind ebenfalls verschwunden. Der Großteil der kilometerlangen Reihe von Speichern auf der Isle of Dogs wurde 1941 von Hitler weggebombt. In eins der erhaltenen Lager ist heute das durch fabelhafte Details bestechende Museum of London Docklands eingezogen, mit alten Deckenbalken, in denen man noch die Gerüche von Waren zu erschnuppern meint. Weltweit gibt es sicher keinen zweiten Hafen, der so radikal umgestaltet wurde wie der von London.

Eine Ortsbegehung jener Plätze, wo in den letzten zwei Jahrhunderten Schiffsladungen gelöscht wurden, beginnt weiter westlich direkt neben der Tower Bridge. In den St. Katharine Docks – heute von Jachten, Luxuswohnungen und Kneipenleben bestimmt – konnten ab 1828 hundertzwanzig Schiffe gleichzeitig um ihre Fracht begehrter Güter erleichtert werden. Wein, Zucker, Gummi, Elfenbein, Gewürze, Parfüm, Marmor, Muscheln – anscheinend hat es den Londonern an nichts von dem gefehlt, was der Globus an Preziosen zu bieten hatte. Es gab Bestellkataloge, in denen man durch die Kolonialisierung in Mode gekommene Waren ordern konnte – die Lieferung von feinem chinesischen Knochenporzellan benötigte allerdings zwei Jahre. So eine Wartezeit spornte zu Spionage und Kreativität an: Ein Mann namens Josiah Spode knackte um 1790 die Porzellanrezeptur der Chinesen, modifizierte sie und war fortan bestens im Geschäft.

Die Befruchtung des britischen Insellebens durch Importe trug nicht nur geschäftliche Früchte. Bereits 1652 führte der Kaffeeimport zur Eröffnung des ersten Cafés in London. Innerhalb eines Jahrhunderts entstanden rund fünfhundertfünfzig Kaffeehäuser. Sie brachten für den Obolus von einem Penny alle gesellschaftlichen Klassen über einer Tasse zusammen. In dieser Männerwelt wurde über Politik und Kultur geredet, man tauschte sich über alles aus, was in der Stadt passierte. Boten informierten über Schiffsverkehr-Neuigkeiten aus dem Hafen. König Charles II. dünkte die demokratische und intellektuelle Clubatmosphäre potenziell so gefährlich für die Macht der Krone, dass er den vergeblichen Versuch unternahm, die Cafés zu schließen. Der Monarch hatte 1647 sogar die wütenden Frauen auf seiner Seite, die eine geschwächte Libido bei ihren Gatten feststellten, weil die nur noch die Kaffeehauskultur im Kopf hatten. Der Einzug von elitärem Snobismus in die Cafés spielte dann König und Ehefrauen in die Hände. Kaffeestuben wurden zu Literatur- und Debattierclubs, die das gemeine Volk außen vor ließen; die *Gentlemen's Clubs* waren geboren. Das Interesse der mächtigen Händler der East India Company am Teeverkauf ließ die Regierung in den Teeimport investieren. Das Getränk aus dem Osten wurde aktiv beworben und überflügelte als einfacher zuzubereitendes Getränk den Kaffee. 1706 eröffnete Thomas Twining den ersten *tea room* in London, und damit war der Londoner Teetrinker geboren.

Globale Produkte machten die Londoner weltläufig und impften das gesellschaftliche Leben mit Ideen. Das Empire und seine Hauptstadt saßen im Zentrum der Globalisierung durch Handel, London war der Motor des Welthandels. Die Themse zog eine immer größer werdende Flut von Schiffen an, der wogende Mastenwald muss wie ein Börsenindikator gewirkt haben. Der bienenfleißige Port of London geriet zum Komposthaufen für geschäftliche Einfälle. Das Gewirr an Menschen, ihr Einfallsreichtum und ein dem pekuniären Erfolg gewidmetes Streben war bis zu den beiden großen Kriegen beispiellos.

Als die alten Docklands durch die zunehmende Containerisierung der Schifffahrt obsolet wurden, bedeutete das für zweiundzwanzig Quadratkilometer Hafengelände einen brutalen Entzug. In das Vakuum eines abgehalfterten Industrieareals mit Sozialwohnungen setzte die Thatcher-Regierung der achtziger Jahre eine Mittlerorganisation, die nur auf dem Papier wie eine unabhängige Planungsgesellschaft wirkte. Die London Docklands Development Corporation war achtzehn Jahre lang der verlängerte Arm Westminsters und der marktfundamentalistischen Politik von Margaret Thatcher. Nach der dramatischen Docklands-Operation war aus dem Arbeiterbezirk ein postmodern gestalteter Zwilling des bis dato unangefochtenen regierenden Londoner Finanzbezirks, der City of London, geworden. Der geniale Trick der modernen Habgiergötter war einfach, dass man schmutzige und sperrige Handelswaren als Profitmacher nicht mehr brauchte, weil Geld, Wertpapiere und Spekulationen plötzlich selbst Profit produzieren konnten, dazu noch in Sekundenschnelle.

Canary Wharf ist ein maßlos erfolgreiches Unterfangen, wie sich nun zeigt. Waren die alten *docks* zunächst nur ein notwendiges Überlaufbecken der wuseligen, mittelalterlich engen City, zogen eine Generation später die meisten Großbanken und

Unternehmen komplett aus der City nach Canary Wharf. Die amerikanische Philosophie des *banking* setzte sich durch: Alle rund zehntausend Londoner Mitarbeiter einer Bank sollten in einem einzigen Hochhaus arbeiten. Der Charakter der City als kreative Denkfabrik mit vielen Cafés, Pubs und versteckten Plätzchen für einen Bankerlunch in alten Kirchhöfen wird nicht mehr als Vorteil angesehen. Das sterile Outfit von Canary Wharf passt dem Investmentbanking anscheinend wie ein Maßanzug. Hunderttausend Geldarbeiter haben die alten Docklands besetzt. Hinzu kommen neue Wolkenkratzer, Wohnstatt für gut honorierte Bankerpaare, Tür an Tür residierend mit neureichen Dockländern aus aller Welt, denen ein Wohnturmdasein mit Butler, Lamborghini-Tiefgarage und Themseblick ein Apartment für zehn Millionen Pfund wert ist. Einige der Nachkommen der alten Malocher und Habenichtse bekommen die Dienstleistungsjobs in den riesigen unterirdischen Einkaufszentren. Eine fünfstellige Zahl von Nachfahren der alten Dockländer steht allerdings auf den städtischen Listen der Wohnungssuchenden. Sozialer Wohnungsbau scheint im neureichen Osten der Stadt wenig opportun.

Die Plaza vor der U-Bahn-Station Canary Wharf lenkt gleich den ersten Blick Richtung City of London. Nur wenige Kilometer entfernt sprießen dort die neuen Wolkenkratzer in die Luft, als wehre sich der alte Finanzdistrikt mit architektonischen Angsttrieben gegen den Emporkömmling im Osten. Eingerahmt von Stahl- und

Glasoptik der Wharf-Architektur fällt der Blick nach Westen, wobei die fahrerlose Hochbahn DLR, der Docklands Light Railway, im Minutentakt die Sichtachse durchfährt: Ist das nun Fehlplanung oder lässige Arroganz gegen die City? Ein riesiges Nachrichtenlaufband drängt Welt- und Finanznachrichten auf; das ist natürlich ein Quantensprung von den City-Kaffeehausboten von vor gut dreihundert Jahren. Die riesigen *News*-Lettern versichern die Kontinuität der Wichtigkeit des Handelsplatzes. Vom Fluss sieht man in den Docklands allerdings immer weniger, weil die neuen Vertikalen und Horizontalen etliche Themsebecken verschwinden lassen. Dafür sind zugige Plätze mit wenig Bäumen entstanden, die kaum zum gemütlichen Verweilen einladen. Etwa der Cabot Place – an den italienisch-britischen Wiederentdecker Nordamerikas, Giovanni Caboto alias John Cabot erinnernd – mit einem Springbrunnen in der Mitte, dessen spritzige Fontänen von einem elektronischen Windstärkenmesser in Schach gehalten werden müssen.

Um die Ecke vom U-Bahn-Eingang versteckt sich ein hübscher Park zwischen den Hochhäusern: Der Jubilee Park ist allerdings kein Central Park à la Manhattan, er ist lediglich ein grünes Feigenblatt, eine Art Dachbegrünung der U-Bahn-Station. Das Grün muss sich in den Docklands eine andere Nische suchen als die riesigen Parklandschaften Alt-Londons. Das spannendste Neo-Grün, der interessanteste postmoderne Park wächst in der Palmenhaus-Atmosphäre der neuen Crossrail-Eisenbahnstation von Canary Wharf. Auch hier war es das Büro von Norman Foster – inzwischen bezeichnenderweise zum Lord of Thames Bank erhoben –, das den zweihundertfünfzig Meter langen Garten im Obergeschoss der Station konzipiert hat, ein botanisches Subtropia unter einem Holzgitter, das mit Kunststoffkissen ausgefüllt ist.

Das neue London ist mit Macht nach Osten gerückt. Bald werden zehn Millionen Menschen an der Themse leben. Am Fluss gibt es noch viel Platz, vor allem in Richtung seiner Mündung. Der ständigen Neuerfindung der zweitausend Jahre alten Metropole scheint weitere tausend Jahre kaum etwas im Weg zu stehen. Irgendwann werden auch die Docklands ihren Platz in der Stadtgeschichte haben. Die Reihe der Wiedergeburten ist wohl längst nicht zu Ende, wenn auch die Leben der normalen Londoner manchmal kaum Schritt zu halten vermögen mit den Einfällen, die im Ideenhafen an der Themse ständig neu sprießen.

Eintritt frei!

In den Nationalen Museen wird Kultur verschenkt

London ist nicht dafür bekannt, dass man hier Dinge geschenkt bekommt. Der Besucher muss abwägen, welche Mitbringsel seine Reisekasse aushält. Das könnte schnell auf Kosten von Kulturgütern gehen, deren Genuss ebenfalls den Geldbeutel beschneiden. Für diese Abwägung zwischen materiellen und ideellen Werten hat London eine tolle Lösung gefunden, die sich für Bewohner und Besucher gleichermaßen rentiert. Seit 2001 hat die britische Regierung nämlich den Eintritt für alle nationalen Museen landesweit einfach abgeschafft. Seither diskutiert die Öffentlichkeit immer mal wieder, ob sich der Einnahmenverlust unterm Strich positiv rechnet. Abschaffen will jedoch niemand diesen wunderbaren Zustand, den man inzwischen getrost als unbezahlbare kulturelle Errungenschaft verbuchen darf. Die Besucherzahlen der öffentlichen Londoner Museen sind enorm in die Höhe geschnellt, weshalb man einen nachhaltigen Bildungseffekt annehmen darf. Was wiederum langfristig Londonern und Reisenden einen Dienst erweist. Bewerten wir also den freien Zutritt zum kulturellen Erbe und Diskurs als geldwerten Vorteil, um im Jargon der Finanzmetropole zu bleiben. Ein Dilemma liegt damit aber auf der Hand: Welches Museum soll's denn nun sein, wo kein Eintritt die Auswahl beschränkt?

Ganz sicher darf es ein Besuch im legendären Victoria and Albert Museum sein. »Daddy, was sind ungezogene Objekte?«, fragt ein Junge seinen Vater, der ihn auf den Schultern in die Ausstellung ›Disobedient Objects‹ trägt. Der Sprössling drängt darauf zu erfahren, warum Ungezogenheit im liebevoll nur V & A genannten Designmuseum so gefeiert wird. Eine gute Frage. Es lohnt sich nachzuspüren, weshalb der 1852 zum Zweck der geschmacklichen Erziehung begründete Kunsttempel aufmüpfig besetzte Objekte ausstellt.

In einem Raum des riesigen V & A sind neunundneunzig profane Objekte als künstlerische Geistesblitze präsentiert. Dabei handelt es sich meist um alltägliche Gegenstände, die als zweckfremd genutzte Werkzeuge in einer Demonstration gegen politische oder gesellschaftliche Willkür ihre Rolle spielten. Die Verbindung von Politik, kreativem Protest und dem alternativen Gebrauch von Objekten zeigt eins: Humor ist eine Waffe des zivilen Ungehorsams. Aufblasbare Demo-Pflastersteine, welche die Polizei in Berlin und Barcelona verulkten, ein verbeulter Topfdeckel von den argentinischen Straßenprotesten von 2001, eine orangene Schlumpfmütze der polnischen ›Zwergenrevolution‹ gegen den Kommunismus – alle Stücke sind mit kontextuellen Erklärungen versehen und verknüpfen so die witzige Kreativität mit dem eigentlichen Ereignis. Am populärsten unter den Besuchern sind metallene Fesselungs-Gegenstände, mit denen sich Demonstranten schwer trennbar mit Bäumen oder Schienen verbinden; wie man ein solches Blockadeinstrument selber herstellt, verrät nützlicherweise eine Gebrauchsanweisung. Der Platz für das hundertste ungezogene Ding bleibt spekulativ frei.

Das V&A ist mit einem Fundus von viereinhalb Millionen Stücken das weltweit größte Museum für Angewandte Kunst. Nach seiner Gründung sollte es vor allem Industriedesigner durch das Ausstellen von Erzeugnissen aus anderen Kulturen inspirieren. Heute zielt der erste deutsche Direktor, Martin Roth, auf das Zusammenwirken von Wissenschaft, Kunst, Geschmackserziehung und sozialer Einflussnahme. Designer, insbesondere aus der Modebranche, besuchen die riesige Sammlung, um sich anregen zu lassen. Dafür findet das Museum ständig neue Stücke, unlängst etwa die vom britischen Geheimdienst wegen der Snowden-Berichterstattung zerstörte Festplatte der Zeitung *Guardian* sowie eine beschädigte Jeans aus der eingestürzten Textilfabrik in Bangladesch. Wer solche Stücke ehrt, bewertet die inhaltliche Bedeutung eines Objekts und seine Ästhetik als gleichrangig.

Kein Bildungsabenteurer in London darf das weltweit größte Museum für zeitgenössische Kunst, die Tate Modern Gallery, auslassen. Das gigantische Ziegelbauwerk an der Themse vis-à-vis der St. Paul's Kathedrale verbirgt seine Vergangenheit als kalorisches Kraftwerk nicht. Seit 2000 beherbergt die Tate Modern auf etwa der Hälfte ihrer Fläche zeitgenössische Kunst in vier thematischen Gruppen. Die andere Hälfte ließen die schweizerischen Umbau-Architekten Herzog & de Meuron einfach leer stehen. Wer die Tate durch diese gigantische Turbinenhalle betritt, dem mag die schiere Größe des etwa hundertfünfzig Meter langen Raums anfangs Schwindelgefühle bereiten. Dennoch liegt hier buchstäblich eine der besten Möglichkeiten zur Entspannung von der hektischen Atmosphäre Londons – viele Besucher strecken sich einfach irgendwo auf dem Rücken aus. Immer mal wieder wird die andachtsvolle Aura der Ex-Industriekathedrale von auf sie zugeschnittenen Kunstaktionen bespielt. Manchmal bietet das ein visuelles Fest, wie die gigantische elektrische Sonne in Ólafur Elíassons »Weather Project« von 2003, manchmal ist das Fest auch akustischer Natur, wie Bill Fontanas »Harmonic Bridge« von 2006; der Amerikaner hatte die Geräusche, welche die Fußgängerbrücke hinüber zur St. Paul's Kathedrale erzeugte, live durch Sensoren in die Turbine Hall übertragen, als sei die Themsebrücke ein Saiteninstrument. Der Rest des Museums, die geschäftige, popartige Galerienfolge, kann trotz ihrer monumentalen Größe überlaufen wirken und bisweilen den Anschein vermitteln, von Kunstfreunden zu Tode geliebt zu werden. Die Gefahr ist erkannt: Erneut sind es Herzog & de Meuron, die an einer kolossalen Erweiterung arbeiten – Fertigstellung 2016/17.

Intimer als in der Tate Modern gelingt Zwiesprache mit Kunst in der National Portrait Gallery. Kurios wirkt die Faszination der Briten für Porträts. Der gerahmte Augenblick täuscht über die oft wochen- oder monatelang sich erstreckenden Sitzungen hinweg. Besonders die gemalten Konterfeis von Persönlichkeiten aus allen Gesellschaftsschichten berühren sehr, weil sie im Zeitalter des quicken Selfiefotos eine Langsamkeit und Vielschichtigkeit zelebrieren. Pinselstriche scheinen manches Gesicht gleichzeitig zu zerlegen und neu zusammenzusetzen. Das offenkundige Staunen eines Betrachters vor dem Betrachteten erschafft zudem eine weitere Dimension, die einen selbst wieder zum Foto anreizt, was in vielen Fällen sogar erlaubt ist. Nur wenn der jährlich ausgeschriebene, immens populäre internationale Wettbewerb »Portrait Award« zwischen Juni und September gehängt ist, greift die neue Offenheit der Museen für Selfies mit dem Objekt der Anschauung nicht. Jedenfalls scheint die seit da Vincis »Mona Lisa« verspürte Faszination eines Porträts in dieser Galerie vielfach multipliziert.

Architektur als Kunstform hat in London nicht den vielleicht erwarteten Raum. Die Formensprache neuer Gebäude unterwirft sich meist brav der angestrebten Funktion, und wenn die Mieter im kunstfernen Finanzgeschäft arbeiten, reflektiert das den Baustil. Gegen diese Seriosität hat die kleine Serpentine Gallery in den Kensington Gardens eine Kunstaktion erdacht, die sich die Freiheit nimmt, international längst renommierten Architekten die Pistole der spontanen kreativen Erpressung auf die Brust zu setzen. Seit dem Jahr 2000 ruft die Galerie immer im Dezember einen von ihr gewählten Baukünstler an, der sich auserwählt fühlen darf, sechs Monate nach dem Telefonat einen Pavillon im Park neben der Galerie zu eröffnen. Das ist ziemlich viel verlangt, hat aber bislang schon Architektenstars wie Zaha Hadid, Frank Gehry, Jean Nouvel, Rem Koolhaas und Peter Zumthor veranlasst, in einem halben Jahr ihren Traumgazebo zu entwerfen und zu errichten, ohne dass sie dafür Geld bekommen. Die Chuzpe des kleinen Museums im Park geht voll auf: Die Einladung abzulehnen, wäre sicher peinlich, das Design zu verhauen, eine Schande. Eine typisch britische *folly*, eine bauliche Narretei im Park, bekommt die Serpentine Gallery quasi als Sommergeschenk geliefert, worin sie auch noch ihr Café platziert. Das Bauchgefühl des Architekten wird sichtbar, er entblößt seine spontane Kreativität, und das Publikum fällt das Urteil. Gehry und Nouvel haben das gewohnt extrovertiert gelöst, Zumthor ganz erstaunlich introvertiert mit einem Gartenhaus in meditativer Strenge. So richtig krachend gescheitert ist bislang kein Designer. Der Pavillon wird am Ende von einem betuchten Käufer weggeschnappt, verschwindet wie ein Spuk, der im nächsten Jahr mit neuem Gesicht wieder auftritt. Allein für dieses kostenlose Vergnügen lohnt sich jedes Jahr der Besuch Londons.

Schlussakkord

*Ein Konzertabend bei den »proms« in der Royal Albert
Hall*

Der distinguierte ältere Herr mit dem sportlich ge-
trimmten Weißhaar verfolgt die symphonischen
Klänge, als lote er jede Note mit sanften Kopfbe-
wegungen auf ihre Stimmigkeit aus. Er scheint ein
Kenner der 5. Symphonie von Sir Peter Maxwell
Davies zu sein, ein Werk von 1994, das just in der
Royal Albert Hall sein zwanzigjähriges Auffüh-
rungsjubiläum erfährt. Eingerahmt von zwei Stücken des finnischen Komponisten Jean Sibelius,
dessen nordisch-schwerblütige Kompositionen
Maxwell Davies immer eine Inspiration waren.

Als Sibelius starb, war der Engländer in seinen formativen Zwanzigern. Maxwell Davies ist
zudem auch ein Nordmensch, lebt er doch seit
vier Jahrzehnten auf dem mystischen Orkney-Ar-
chipel, hoch im Norden Schottlands. Jetzt, 2014,
vollendet er sein achtzigstes Lebensjahr. Deshalb
spielt das BBC Symphony Orchestra einige seiner Werke während der täglichen Sommerkon-
zerte der *proms* im Stadtteil Kensington. Womit klar ist, dass die Spannweite der populären
Promenadenkonzerte weit über die frivole Natur
und national gefärbte Klassikerkost hinausgeht,
welche die weltweit im Fernsehen ausgestrahlte
»Last Night of the Proms« vermittelt. Das Spek-

trum reicht von Wagners Ring des Nibelungen über John Cages amplifizierte Kakteen bis zu den Pet Shop Boys.

Einmal im Leben sollte jeder Londonfan sich in ein *Proms*-Konzert in der Royal Albert Hall setzen. Das Erlebnis vermittelt kuriose und famose Facetten Britanniens durch Musik. Der sommerliche Konzertreigen ist eine der klassischen Londoner Institutionen. Seit dem ersten Konzert 1895 in der Queen's Hall in der Regent Street wurde keine *Proms*-Saison ausgelassen, nur 1941 und 1944 musste die Spielzeit verkürzt werden, weil Hitler London entweder bombardierte oder mit V2-Raketen bedrohte. 1941 zerstörten Bomben die alte Spielstätte, weshalb man 1942 in die Royal Albert Hall umzog, diesen mächtigen Rundbau vis-à-vis des pompösen Monuments für Prinz Albert, Königin Victorias kunstsinnigen deutschen Gemahl. Auf den Stufen des Memorials sitzen an sonnigen Spätnachmittagen von Juli bis September Konzertgänger aus jeder Gesellschaftsschicht und jeden Alters, um sich beim Picknick für einen zweieinhalbstündigen Abend in Londons dramatischster Arena zu stärken. Der Szenerie wohnt eine volksnahe Aura inne, Klassenlosigkeit, vielleicht sogar eine ferne Erinnerung an römische Spiele in Londoniums römischem Amphitheater vor zwei Jahrtausenden.

Ronny, Mark und James sind Protagonisten der sozialen Barrierefreiheit des Events. Sie gehören zu den *promenaders*, kurz *prommers*. Diese Hardcore-Fans gehen seit vielen Jahren für fünf Pfund ins Konzert – sie erhalten die Karten von Leuten, die nicht genutzte Billets zurückgeben. Morgens um neun Uhr schlüpfen sie aus irgendwelchen Unterkünften und stehen an; vor besonders gefragten Konzertabenden reicht die Schlange bis zur nächsten U-Bahn-Station. Eine halbe Stunde vor Beginn können *prommers* und geduldige Touristen den Bon gegen ein Ticket eintauschen, bis dahin hocken sie auf Campingstühlchen in Gruppen zusammen und schlagen die Zeit tot.

James erklärt, warum er den *proms* seit zwei Jahrzehnten die Treue hält: Erstens gibt es die billigen Stehplätze unten in der Arena (neunhundert) und ganz oben unterm Dach (fünfhundert). Zweitens spielen nur die besten Orchester auf. Die Berliner Philharmoniker verursachten immer Gänsehaut, schwärmt Mark. Drittens lockt der tägliche Schnack mit anderen *prommers*. »We talk music, football and meals«, verrät Ronny, der selbst kein Instrument spielt, aber schon mit Maestro Daniel Barenboim, dem Star-Cellisten Steven Isserlis, den Wiener Philharmonikern und anderen Klassikern zusammengetroffen ist.

Die *prommers* auf den billigen Plätzen sind in vieler Hinsicht das Herzstück der Konzerte. Als fachkundiges, aufmerksames Publikum stehen sie ganz unten in der Manege und scharen sich wie Rockmusikfans leger gekleidet am Bühnenrand. Je länger ein Konzert dauert, desto mehr Zuhörer strecken sich auf dem bunt beklebten Arenaboden aus. Hier war bis 1971 sogar das Rauchen erlaubt, man picknickte leise und erfrischte sich ganz so, wie es zu Shakespeares Zeiten im Theater üblich war. Das Ambiente ist auch weiterhin locker, in Schale werfen sich allenfalls Touristen, viele Londoner kommen direkt aus dem Büro. Maximal achtundsechzig Pfund kostet einer der über fünftausend Sitze mit rotem Samtbezug.

Etwas Ähnliches muss dem Gründungsmäzen der *proms*, Dr. George Cathcart, vorgeschwebt haben, als er 1895 den ersten Konzertsommer sponserte. Er stellte damals drei Bedingungen: Eintrittskarten sollten für jedermann erschwinglich sein, Henry Wood den Taktstock schwingen und der britische Kammerton dem etwas niedrigeren europäischen angepasst werden. Als Hals-Nasen-Ohren-Arzt lagen Cathcart die Stimmen der Sänger am Herzen. Außerdem veranlasste er, dass ein mit Wasser gefülltes Bassin das Hallenklima angenehm befeuchtete. Die *prommers* bestückten den *Indoor*-Teich mit allerlei aufgeblasenem Tierzeug, bis man 2010 den Teich aus der Royal Albert Hall verbannte. Spätestens seit 1974 existiert ein wundervolles Band zwischen den Musikern und den *prommers*. Als damals der Bariton Thomas Allen mitten in der von André Previn geleiteten Aufführung von Carl Orffs »Carmina Burana« einen Schwächeanfall erlitt, schickten die *prommers* den Musikstudenten Patrick McCarthy aus ihrer Mitte auf die Bühne. McCarthy sang die Partie zu Ende und wurde nachher selbst Dirigent. Noch in der selben Saison kollabierte übrigens ein *prom-*

mer in der Sommerhitze; die Kollegen riefen daraufhin den Musikern zu, dass im Austausch nun ein Musiker das *Prommer*-Kontingent auffüllen müsse!

Die letzte Note der dramatisch-dunklen 5. Symphonie von Maxwell Davies verklingt leise, Beifall brandet auf im riesigen Rund. Da springt der musikkundige ältere Herr behände aus seinem Sitz und läuft beschwingten Schrittes auf die Bühne, um den Dirigenten herzlich zu umarmen. Es ist Sir Peter höchstpersönlich, und er erhält Ovationen von einer Menge, welche die Einwohnerzahl seiner orkadischen Heimatinsel Sanday um das zehnfache übertrifft. Hätten nicht vor hundertzwanzig Jahren Sir Henry Wood und Dr. George Cathcart die Idee umgesetzt, den Londonern klassische Musik als volkstümliches Event anzubieten, würde Sir Peter, liebevoll Max genannt, heute sicher nicht auf derart gereiftes Verständnis seiner modernen Musikerzählungen stoßen. Die Bronzebüste von Sir Henry Wood, zum Festival immer oberhalb des Orchesters installiert und von den *prommers* mit einem Reif geschmückt, zeigt ein leises, zufriedenes Lächeln.